Armando P. Ribas

La Falacia
de la
Civilización
Occidental

❧ - STOCKCERO - ❧

Set in Linotype Granjon font family typeface
Printed in the United States of America on acid-free paper.

Published by Stockcero, Inc.
3785 N.W. 82nd Avenue
Doral, FL 33166
USA
stockcero@stockcero.com

www.stockcero.com

Armando P. Ribas

LA FALACIA
DE LA
CIVILIZACIÓN
OCCIDENTAL

Índice

III América Latina

IV Democracia y República

V Cultura Civilización e Ideas

VI Economía

Prólogo

Este nuevo libro del pensador liberal Armando Ribas, es una recopilación de diversos artículos que podrían parecer independientes unos a otros. Pero se trata de distintas manifestaciones de una misma cosa: la filosofía política del autor, que sobrevuela cada párrafo de sus análisis históricos, éticos, políticos y económicos.

Por ello entiendo que este prólogo, con el que Armando me ha honrado una vez más, debe reflejar el espíritu de las ideas que él ha venido enseñando en su tierra adoptiva, la Argentina, desde los años sesenta hasta el presente, y también en otros lares del mundo.

El gran mérito de Armando, a más de su voluntad de hierro en la defensa de los valores liberales, es haber enseñado el correcto orden axiológico en las cuestiones de naturaleza política y económica. Y en este sentido no se cansa en repetir que la economía no es una ciencia independiente, como una mala interpretación de «La riqueza de las naciones» de Adam Smith podría sugerir, sino que es meramente consecuencial, pues depende de los valores predominantes en cada país, esto es, de la ética, de la política consiguiente, y del sistema jurídico derivado de aquellas dos.

El principio ético por excelencia, conforme lo enseña Armando, es que los intereses particulares no son *per se* contrarios al interés general. Que el bien más importante para el individuo es la búsqueda de la propia felicidad. Y que para que esa búsqueda sea posible deben garantizarse los derechos a la vida, a la libertad y a la propiedad. Ni más ni menos que los principios que defendió John Locke, de quien abrevó luego el filósofo escocés David Hume, completando su obra.

Tal como enseñaba Hume, no hay ciencia que pueda discernirse si antes no se entiende la ciencia de las ciencias, esto es, la ciencia del hombre, la naturaleza humana. Es a partir de ese conocimiento que deben diseñarse los sistemas sociales, en particular los sistemas políticos, que son los que determinan los comportamientos de las personas en las sociedades extensas.

Se recurre allí a las enseñanzas bíblicas, de donde surge la idea de la falibilidad humana con aquello de que «el justo peca siete veces» (Proverbios 24:16), o la categórica frase de Jesucristo (San Juan, 8:1-11), de que «el que esté libre de pecado que arroje la primera piedra».

Esa idea de falibilidad del hombre es la clave del sistema. Aunque hubo que aguardar varios siglos a John Locke para desterrar la idea del derecho divino de los reyes y su infalibilidad consiguiente, demostrando que los gobernantes son hombres y, por tanto falibles. Locke, en su *Primer Tratado del Gobierno Civil* (1689), lo decía en estos términos: «Por tanto es evidente que la monarquía absoluta, que para algunos hombres es considerada como el único gobierno en el mundo, es de hecho inconsistente con la sociedad civil. Pero yo deseo que estos que hacen estas objeciones recuerden que los monarcas son solo hombres. Es como si los hombres al abandonar el estado de naturaleza, acordaran que todos ellos excepto uno deban estar bajo la restricción de la ley; pero que él debería retener toda la libertad del estado de naturaleza, aumentada con poder y hacerse licenciosa por impunidad. Esto es pensar que los hombres serían tan tontos que se cuidarían de evitar los daños que le puedan hacer los gatos y los zorros, pero estarían contentos y aún pensarían que es seguro el ser devorado por leones».

De aquí derivó el límite al poder mediante el mecanismo de la división de poderes, un paso fundamental en la historia de la humanidad. Y ese límite no era otro que el de los denominados por Locke *derechos naturales*, previos a la creación civil de cualquier estado, y que no son otra cosa que los derechos individuales a la vida, a la libertad, a la propiedad, y a la búsqueda de la felicidad. El monarca, o quien gobierne, ya no podría utilizar su poder violando estos derechos. Ese era su límite. La incruenta *Revolución Gloriosa* de Inglaterra de 1688 se fundó precisamente en estos principios, que luego atravesaron el Atlántico rumbo a los Estados Unidos de Norteamérica, para llegar a su cima.

Es difícil hacerse una clara idea del salto descomunal que estas ideas generaron en el planeta. Del poder político absoluto, ejercido las más de las veces en forma arbitraria y violenta, se pasó al poder político limitado, al control del poder, a empoderar al individuo frente al gobernante, al autogobierno.

Claro está que estas ideas fueron resistidas por los intereses creados en torno del anterior sistema, sobre todo por aquellos cuya falibilidad los lleva a pretender dominar a los demás, a esclavizar a las sociedades para su propio servicio. Los totalitarismos son un peligro constante, aún en los gobiernos con origen en la elección popular, esto es, en las propias democracias.

Fue Rousseau quien inventó el sistema para validar al poder totalitario mediante el voto del pueblo, estableciendo en su «Contrato Social» el mecanismo más amado por los socialistas y por los nazis: el de la «voluntad general». Donde la mayoría siempre tiene razón, y la minoría debe plegarse a la mayoría o ser desterrada. Rousseau legitima así el terror político en estos términos: «Exigir la sumisión de la minoría a las leyes votadas por la mayoría, a las que, por hipótesis, la minoría no ha dado nunca su consentimiento, es realizar la libertad y no violarla».

Se da así una suerte de esquizofrenia política: «Cuando la opinión contraria a la mía prevalece –dice Rousseau–, esto no prueba otra cosa sino que yo me había equivocado y que lo que yo estimaba ser la voluntad general no lo era». Y que «quienquiera se niegue a obedecer la voluntad general será obligado a ello por todo el cuerpo«. Esto es nada más ni nada menos que un presagio temprano del centralismo democrático de Lenin.

A diferencia de Hume, quien al mismo tiempo, como dije, predicaba que toda ciencia comienza por la ciencia del hombre real, Rousseau creó una ciencia a partir de una «creencia» sobre el hombre. Es decir, de un ideal romántico del ser humano. Decía así respecto del pueblo: «Es necesario hacerle ver los objetivos... algunas veces tales como *deben parecerles*, y de paso hay que *transformar la naturaleza del hombre*; en síntesis: debemos socializarnos y adaptarnos a su libreto si no queremos quedar fuera del redil; para ello nada mejor que "saber dominar las opiniones y por ellas gobernar las pasiones de los hombres"».

Nada extraño en Rousseau, que en su *Emilio*, el tratado sobre educación que tanta influencia tuvo hasta el presente en los educadores, haya manifestado que «Ningún derecho tiene para ser padre quien no puede desempeñar las funciones de tal. No hay pobreza, trabajos ni respetos humanos que lo dispensen de mantener a sus hijos y educarlos por sí mismo. Puedes creerme, lector: a cualquiera que tenga entrañas y desatienda sus sacrosantos deberes le pronostico que derramará largo tiempo amargas lágrimas sobre su yerro, y que nunca encontrará consuelo». Pero, como nos lo recuerda Mori Ponsowy, Rousseau tuvo cinco hijos y los abandonó a todos en la entrada de un hogar para huérfanos. Los cinco niñitos murieron, como era esperable en los orfanatos de aquella época. ¿Y qué creen que dijo el ginebrino años más tarde para justificar este horrendo crimen? Pues dijo en sus *Confesiones*: «¿Cómo podría haber tenido la tranquilidad mental necesaria para mi trabajo con mi buhardilla llena de problemas domésticos y el ruido de los chicos? Sin embargo, sé muy bien que ningún padre es más tierno de lo que yo hubiera sido».

Aquí tienen la prueba más contundente entre el *ser humano real* y el *ser humano ideal,* en un solo envase. Y así operan miles de políticos en todo el mundo, agradando con sus lenguas a los oídos de los incautos mientras que con sus viles manos incurren en horripilantes actos de abuso y de corrupción.

Pues bien: la idea del límite al poder basada en la real naturaleza del hombre, es indiscutiblemente la clave de la libertad.

Volviendo al tema de las democracias, existe una confusión generalizada en torno al ejercicio del poder por parte de las mayorías circunstanciales en los países con regímenes electorales. Ya he dicho que para Rousseau, lo que determinara la mayoría era lo correcto, la verdad, y que la minoría debía someterse al dictamen mayoritario o perecer. Y ahí tenemos hoy a la Venezuela de Chávez y Maduro, que democracia mediante ha creado un monstruo de mil tentáculos que aplasta a los disidentes y dejó un país devastado, bañado de sangre y absolutamente corrompido. La receta de Rousseau sí es infalible.

Contrariamente, fueron los EEUU de Norteamérica, a través de sus *Founding Fathers* y sus *Federalist Papers*, los que llevaron el sistema de Locke a su última expresión, diseñando no sólo una nueva forma de gobierno, sino una nueva función de gobierno: ser custodio de los derechos individuales. Y así es como se creó un Poder Judicial independiente, con una Corte Suprema en su vértice, con la facultad de anular una decisión de la mayoría si esa decisión era contraria a los derechos individuales. Esas decisiones mayoritarias se denominan leyes, y la Corte Suprema tiene la potestad de dejar sin valor una ley, custodiando los derechos a la vida, la libertad, la propiedad, y la búsqueda de la propia felicidad. Tal sistema fue expuesto por Alexander

Hamilton en el texto LXXVIII de *El Federalista*: «Las limitaciones de esta índole sólo pueden mantenerse en la práctica a través de los tribunales de justicia, cuyo deber ha de ser el declarar nulos todos los actos contrarios al sentido evidente de la Constitución. Sin esto, todas las reservas que se hagan con respecto a determinados derechos o privilegios serán letra muerta». Y el caso emblemático en que se plasmó esta revolucionaria idea fue «Marbury vs. Madison» por el juez John Marshall en el año 1803. Este sistema no implica superioridad alguna del Poder Judicial sobre el Poder Legislativo, sino que el poder del pueblo es superior a ambos poderes, pues el pueblo decidió a través de una Constitución que ciertos derechos son inviolables. Que la mayoría no tiene derecho de violar los derechos. Y esa es la razón por la que los jueces no se eligen mediante el voto de las mayorías sino conforme a un mecanismo más prudente, que es el acuerdo del Senado, siendo que el Senado es la Cámara cuyos miembros representan a los Estados miembros y requieren unos requisitos más exigentes para su postulación.

Todo este sistema ético, político, jurídico, tiene enormes consecuencias económicas. No es casual que los EEUU sean la primera potencia del planeta, cuando es un país relativamente joven respecto de Europa, y mucho más respecto de China. Y no se trata de que los estadounidenses sean seres superiores a los demás habitantes del planeta, pues la naturaleza humana es inmutable e igual para todo el mundo. De lo que se trata es del hallazgo de Hume, en el sentido de que como la naturaleza humana no es modificable, para modificar las conductas humanas debemos modificar las circunstancias. Y la circunstancia es el sistema. Si Ud. tiene un sistema donde la propiedad privada es protegida y tiene libertad de producir y comerciar, las personas desarrollan toda su creatividad y generan riqueza siguiendo su propio interés, a sabiendas de que lo que logren producir no les será quitado por el ladrón privado ni por el ladrón público. Un sólo Estado, Texas, posee una mayor producción global y *per cápita* de petróleo que toda Rusia. Esa es la consecuencia económica del sistema liberal. Descalificado por quienes no entienden absolutamente nada de su esencia y de sus resultados, y sobre todo descalificado por los aspirantes a dictadores, que no ven con buenos ojos que se limite su poder.

Armando Ribas ha mostrado en conferencias, programas de televisión nacionales e internacionales, y más de veinte libros y centenares de artículos, de qué se trata el sistema liberal. Y cómo deben dictarse, interpretarse y aplicarse las medidas económicas, considerando los derechos individuales como su guía y su norte. Uno de sus postulados sobresalientes en este punto es a mi juicio el de que «a las empresas no hay que protegerlas, pero tampoco desprotegerlas», en alusión a las reiteradas ocasiones en que el peso es sobrevaluado, destruyéndose así el sistema productivo. Lo que también ocurre en Europa con la adopción del euro entre países sustancialmente asimétricos. Este es un ejemplo de cómo Armando posee una interpretación global del sistema, merced a la cual sus pronósticos y recomendaciones en materia económica son siempre certeros.

La gran proeza de Armando, a mi juicio, es haberle enseñado el verdadero liberalismo a los liberales, y haber hecho liberales a quienes no lo eran, despertando en ellos una cosmovisión novedosa que nos llena de asombro por su certeza. Pues en la Argentina muchos economistas «liberales» han recetado medidas contrarias al ideario liberal, acercándose algunos a una suerte de anarquismo económico ajeno a los valores apuntados, y otros a una especie de *libero-monetarismo* en que creen que solucionando la inflación todo lo demás viene por añadidura. Y así nos ha ido…

En el presente libro se verá la aplicación de los principios liberales a las materias más diversas. En todos ellos hay un hilo conductor. Ese hilo conductor son los principios liminares del liberalismo. Y de allí la coherencia de Armando a lo largo de los cientos de renglones en que su pensamiento transita.

Denis Pitté Fletcher
Febrero 2019.

I- LA FALACIA DE LA CIVILIZACIÓN OCCIDENTAL

En este mundo traidor nada es verdad ni es mentira todo es según del color del cristal con que se mira. (Ramón de Campoamor) Y uno de los problemas pendientes es el color del cristal rojo proveniente de la izquierda. En la actualidad persiste una confusión de los cristales en relación a las razones que determinaron el mundo en que vivimos. Esa confusión proviene fundamentalmente de la creencia de que fue en Occidente, o sea en Europa continental donde surgieron las ideas que cambiaron al mundo y surgió la libertad y la creación de riqueza en la historia. Nada más falaz que esa pretensión que ignora la Inquisición y las guerras entre los cristianos. Como bien dijera Ayn Rand: «La filosofía política angloamericana y la franco-germánica se diferencian tanto como el día y la noche». Así igualmente se ignora que tal como lo señala William Bernstein hasta hace unos doscientos años el mundo vivía como vivía Jesucristo. Igualmente se ignora que por siglos la China estaba más adelantada que ese mundo Occidental y Cristiano. Y así en la China se decía «Muy al Oriente está Occidente». Y recordemos que tuvo que llegar Cristóbal Colón que creyendo llegar a La India descubrió el continente americano. En los siguientes capítulos podremos ver una explicación profunda de lo que consideramos la *Falacia de Occidente* y así como los factores determinantes del mundo en que vivimos.

I- Occidente en el Siglo XXI

Voy a insistir en un tema que me parece de la mayor trascendencia ante la realidad que vive hoy el llamado mundo occidental y cristiano, y como antes he considerado es el origen de la confusión reinante. Cada día me convenzo más de que en el mundo hoy se sigue ignorando que hasta hace unos doscientos años se vivía como vivía Jesucristo, tal como muy bien lo expone William Bernstein en *The Birth of Plenty, How the Prosperity of the Modern World Was Created* (El Nacimiento de la Abundancia, cómo fue creada la prosperidad del mundo moderno).

Entonces la pregunta pendiente es ¿cuáles fueron los factores que determinaron la libertad y la abundancia en el mundo en que vivimos? Y al respecto me refiero a la sabiduría de Alexis de Tocqueville cuando dijo: «Las tierras producen menos en razón de su fertilidad, que de la libertad de sus habitantes». Y volviendo al mundo occidental y cristiano no puedo menos que recordar la cita de Tocqueville en sus *Cartas Persas*: «Los musulmanes decían que los cristianos eran los que más se mataban entre ellos». Francia e Inglaterra tuvieron una guerra de los Cien Años (1337-1453) y después llego la Guerra de los Treinta Años (1618-1648), en la que murió gran parte de la población de Europa.

Así llegamos al siglo XX con las dos guerras mundiales entre cristianos con Japón incluido. En la segunda guerra mundial murieron unos 50 millones de cristianos occidentales. Por ello Jean François Revel en su *La Obsesión Antiamericana* escribió: «Son los europeos, que yo sepa, quienes hicieron del siglo XX el más negro de la historia en las esferas política y moral se entiende. Ellos provocaron los dos cataclismos de una amplitud sin precedentes que fueron las dos guerras mundiales; ellos fueron los que inventaron y realizaron los dos regímenes más criminales jamás infligidos a la especie humana».

Y si no hubiese sido por los norteamericanos el mundo cristiano occidental habría sido nazi y comunista.

En ese sentido es necesario rescatar el hecho indubitable de la diferencia entre las filosofías políticas de Europa Continental y la Angloamericana, que como bien dice Ayn Rand son tan diferentes como el día y la noche. No cabe la menor duda de que de la filosofía política angloamericana surgió la libertad en el mundo y de la europea continental el totalitarismo, que como ya he dicho es la racionalización del despotismo.

Puedo decir que la libertad comenzó en Inglaterra con la denominada *Glorious Revolution* de 1688, la cual que yo sepa no se le ha enseñado a nadie, en tanto que por el contrario se ha extendido la falacia de que fue la Revolución Francesa el origen de la libertad, cuando en la realidad fue el origen del totalitarismo, Diosa Razón y Robespierre mediante. Al respecto Peter Drucker escribió: «Tan difundida y tan falaz como la creencia de que fue la Ilustración el origen de la libertad del siglo XIX, es la creencia de que la Revolución Norteamericana se basó en los mismos principios que la Revolución Francesa, y que fue su precursora».

Estoy haciendo estas referencias históricas, pues como dijera David Hume la historia es un aprendizaje. Y cuando digo que en Inglaterra comenzó la libertad, hay que reconocer que con anterioridad a la Glorious Revolution no había libertad durante todo el período de los Tudor y de Cromwell. Por ello David Hume también reconoció: «Los ingleses en aquella era estaban tan completamente sometidos que, como los esclavos del Este, estaban inclinados a admirar aquellos actos de violencia y tiranía que se ejercían sobre ellos y a sus propias expensas». Es debido a esa realidad que existen hoy los Estados Unidos, pues si hubiera habido libertad en Inglaterra los *pilgrims* no habrían cruzado el Atlántico.

Es importante reconocer el origen y las ideas que generaron la libertad y la creación de riqueza por primera vez en la historia. Fueron las ideas de John Locke las predecesoras de la libertad en el mundo, que partiendo del reconocimiento de la naturaleza humana advirtió la necesidad de limitar las prerrogativas del rey porque los monarcas también eran hombres. Igualmente propuso la necesidad y conveniencia del reconocimiento de los derechos de propiedad.

Y me voy a referir a un derecho que consideró el principio fundamental de la libertad, que es el derecho a la búsqueda de la propia felicidad. Ese derecho implica el reconocimiento de que los intereses privados no son contrarios al interés general, en la medida que no violen la ley y no perjudiquen directamente a otros ciudadanos. Y al respecto también reconoció que «lo que importa no es la ley sino qué ley». Y Hayek lo reconoció cuando dijo: «No es lo mismo una ley que regula el tránsito, que una que dice a dónde tenemos que ir».

La evolución señera de esos principios fueron llevados a cabo en los Estados Unidos con la aprobación de la Constitución de 1787 y el *Bill of Rights* de 1791. Al respecto debo insistir que ese proceso no fue el resultado de la cultura. Tal como explica Catherine Drinker Bowen en *The Miracle of Philadelphia*, lograr la aprobación de la Constitución fue un proceso de gran dificultad, debido al enfrentamiento entre los distintos estados. Al respecto Alexander Hamilton escribió en *The Federalist Papers*: «Nosotros podemos decir con propiedad que hemos alcanzado casi la última etapa de la humillación nacional. Hay escasamente algo que pueda herir el orgullo, o pueda degradar el carácter de una nación independiente que nosotros no experimentemos».

Insisto una vez más en la teoría de que el sistema ético político no depende de la cultura, sino que por el contrario, la cultura como expresión del pensamiento y comportamiento de los ciudadanos depende del sistema. Si admitimos que es la cultura la determinante del sistema estamos aceptando a priori la imposibilidad de instaurar el sistema ético, político y jurídico que cambió la historia del mundo. Y la República Argentina de 1853 ha sido un mentís rotundo a esa hipótesis, pues fue hecha por gallegos y católicos. No por anglosajones ni protestantes.

Como bien dice Ira Glasser: «Los primeros americanos de hecho inventaron una nueva forma de gobierno. Pero hicieron algo más que eso. Ellos declararon un nuevo propósito del gobierno. Ese propósito nuevo fue la protección de los derechos individuales. Ningún gobierno antes había sido creado con ese propósito». Esa realidad implica la necesidad de reconocer que el sistema del *Rule of Law* no es la democracia. Esa es otra de las confusiones presentes en el siglo XXI en el que la izquierda se ha apropiado de la ética en función de la falacia de la igualdad, donde mediante el socialismo alcanza el poder político democráticamente, tal como lo había previsto Eduard Bernstein en «Las Precondiciones del Socialismo».

El principio fundamental del *Rule of Law* está reconocido por James Madison, quien advertido por Jefferson de que «un despotismo electivo no es el gobierno por el que luchamos», escribió en la Carta 51 de *The Federalist Papers*: «Pero qué es el gobierno en sí mismo sino la mayor reflexión sobre la naturaleza humana. Si los hombres fuesen ángeles no sería necesario el gobierno. Si los ángeles fuesen a gobernar a los hombres, ningún control externo o interno sería necesario. Al organizar un gobierno que va a ser administrado por hombres sobre hombres la gran dificultad yace en lo siguiente: primero Ud. debe capacitar al gobierno para gobernar a los gobernados; y en segundo lugar a controlarse a sí mismo. La dependencia en el pueblo es sin duda el primer control al gobierno, pero la experiencia le ha enseñado a la humanidad la necesidad de precauciones auxiliares».

Perdón por la longitud de la cita, pero considero que en ella se encuentra la enseñanza de la necesidad de la limitación del poder, la comprensión de la naturaleza humana y el principio de la mano invisible de Adam Smith. Y precisamente tomando en cuenta la necesidad del control al gobierno a sí mismo se estableció mediante el Juez John Marshall en la decisión del caso Marbury vs Madison en 1793 el sistema reconocido como la revisión judicial. Y al respecto dijo Marshall: «Todo gobierno que ha formado una constitución la considera la ley fundamental. Por tanto toda ley contraria a la constitución es nula. Es el deber y la función del poder Judicial el decir qué es la ley».

Hoy, en nombre de la falacia de la igualdad, la izquierda se ha apoderado de la Unión Europea social-democracia mediante y así como de parte de América Latina. El proceso entraña el aumento del gasto público que implica la violación del derecho de propiedad y por consecuencia del derecho a la búsqueda de la propia felicidad. A los hechos me remito: en la década del 2007 al 2016 el gasto público se elevó en la Unión Europea. Francia pasó al 54% del PBI, Italia 50%, Inglaterra 46%, Alemania 45% y España 43,3%. La consecuencia ha sido que esos países o no crecen, o como es el caso de Grecia e Italia, sus economías han caído profundamente. El caso de Estados Unidos parece hoy impredecible con el gobierno de Trump, pero pareciera que en un aspecto importante de la política ha dado marcha atrás y ha llegado a un acuerdo con Xi Jinping. Y para finalizar al respecto permítanme recordar a Alberdi: «Hasta aquí el mayor enemigo de la riqueza del país es la riqueza del fisco».

II- El Dilema entre la Realidad y la Historia

Es requerido analizar lo que pasa en el mundo ante la verdad que muestra la historia, que, como reconociera David Hume, es un aprendizaje. En ese sentido es igualmente requerido el tomar conciencia de que la historia en el orden político muestra la validez del empirismo como prueba de la razón. La problemática existente es universal, y al respecto me atrevo a considerar en primer término, que ya Aristóteles había tomado conciencia de la misma al decir que la democracia era la destrucción de la república. Y siguió: «cuando el pueblo se hace monarca, viola la ley y se hace déspota, y desde entonces los aduladores del pueblo tienen un gran partido».

Un error pendiente respecto al análisis de los problemas políticos que se enfrentan es la pertinaz creencia de que los mismos dependen de la cultura. Recordemos en primer término la historia argentina. ¿Qué cultura tenía Argentina en 1853 cuando tenía 800 mil habitantes y un 80% de analfabetos? No obstante esa realidad a principios del siglo XX había dado un salto cósmico en la historia, había pasado a ser uno de los primeros países del mundo, tenía 7 millones de habitantes y sólo un 25% de analfabetos.

Volvamos a recordar que, como lo expuso William Bernstein en su *The Birth of Plenty*, hasta hace unos doscientos años el mundo vivía como vivía Jesucristo. Fue en Inglaterra donde se inició el progreso a partir de la *Glorious Revolution* de 1688 inspirada en las ideas de John Locke, que había propuesto: «Los monarcas también son hombres, por tanto se requiere limitar las prerrogativas de los reyes». Asimismo defendió el derecho de propiedad privada y el derecho a la búsqueda de la felicidad, que consideró el principio fundamental de la libertad.

Y ese proceso se inició en un país en el cual de acuerdo a David Hume se vivía la siguiente realidad: «Los ingleses en aquella era estaban tan completamente sometidos que como los esclavos del Este admiraban aquellos actos de violencia y tiranía que se ejercía sobre ellos y a sus propias expensas».

Esos principios de libertad fueron llevados a sus últimas consecuencias en los Estados Unidos, que a partir de la aprobación de la Constitución de 1787, el *Bill of Rights* de 1791 y la decisión del *Judicial Review* de 1803, en cien años pasó a ser la primera economía mundial. Y ese proceso tampoco dependió de la cultura americana como lo reconoce en primer término Alexander Hamilton que en *The Federalist Papers* escribió: «Podemos decir con propiedad que hemos alcanzado la última etapa de la humillación nacional. Hay escasamente algo que hiera el orgullo o degradar el carácter de una nación independiente que nosotros no experimentemos». Y el segundo presidente de Estados Unidos, John Adams, dijo: «Le tengo más miedo a las posibilidades de gobernarnos a nosotros mismos que a todas las flotas extranjeras del mundo».

Siguiendo en ese rumbo incierto fue en Estados Unidos donde se desarrolló el sistema que cambió la historia del mundo, y al que denominó el *Rule of Law*. Recordemos al respecto que John Locke dijo: «Lo que importa no es la ley sino qué ley». Y ese sistema es la antítesis de la democracia tal como lo reconocieron los *Founding Fathers*. En primer término James Madison escribió en la Carta 51: «Si los hombres fueran ángeles no sería necesario el gobierno. Si los hombres fueran a ser gobernados por ángeles, no sería necesario ningún control externo ni interno será necesario. Al organizar un gobierno que va a ser administrado por hombres sobre hombres, la gran dificultad yace en esto: Usted debe primero capacitar al gobierno a controlar a los gobernados; y en segundo lugar obligarlo a controlarse a sí mismo. La dependencia en el pueblo es sin duda el primer control al gobierno; pero la experiencia ha enseñado a la humanidad la necesidad de precauciones auxiliares».

Estos principios fundamentales se basan en primer término en el reconocimiento de la naturaleza humana. Y de los mismos surgió la necesidad de instituir el llamado *Judicial Review* que fuera definido por el juez John Marshall en su decisión en el caso Marbury vs. Madison: «Todos los gobiernos que han instituido una constituciones escritas las contemplan como formando la ley fundamental y suprema de la nación, y consecuentemente la teoría de todos esos gobiernos debe ser que toda ley de la legislatura repugnante a la constitución es nula. Es enfáticamente la competencia y el deber del poder judicial el decir qué es la ley».

Al respecto reconoció Adam Smith: «Cuando el judicial está unido al poder ejecutivo, es escasamente posible que la justicia no sea frecuentemente sacrificada a lo que es vulgarmente llamado política». Más aun en reconocimiento a Locke estableció el principio que se conoce por la mano invisible: «Persiguiendo su propio interés él promueve el de la sociedad más efectivamente que cuando él realmente intenta promoverlo. Yo nunca he conocido mucho bien hecho por aquellos que afirman actuar por el bien público».

Perdón por las citas pero las ideas de la libertad no las inventé yo y al respecto Richard Epstein escribió en el *Cato Institute*: «Los principios incorporados en la constitución liberal clásica, no son aquellos que operan en esta o aquella era. Son principios para todas las eras». Y esta realidad es doblemente desconocida o desvalorada en la actualidad. En primer lugar por la falacia de la Civilización Occidental que como bien reconoció Ayn Rand: «La filosofía americana de los derechos del hombre nunca fue completamente reconocida por los intelectuales europeos». Y recuerden la filosofía política angloamericana y la franco-germánica son tan diferentes como el día y la noche.

O sea se ignora que de la angloamericana surgió la libertad y de la franco-germánica el totalitarismo. El totalitarismo es la racionalización del despotismo, y a él contribuyeron Rousseau, Hegel, Kant y Marx fundamentalmente. En el siglo XX si hubiese sido por Europa el mundo sería nazi o comunista. Y como bien reconoció Peter Drucker: «Tan difundida y tan falaz como la creencia de que la Ilustración engendró la libertad en el siglo XIX es la creencia de que la Revolución Norteamericana se basó en los mismos principios que la Revolución Francesa y que fue efectivamente su precursora».

Entonces la virulencia pendiente en el mundo y en particular en el mundo Occidental incluida América Latina es el prevalimiento político de la izquierda apoderada de la ética en función de la falacia de la igualdad económica. Por ello como bien describe Fareed Zakaria en su artículo de *Foreign Affairs* «el Occidente está en problemas, el populismo reina en Europa. Populismo de izquierda: Socialismo Y de derecha: Nacionalismo. Cuando los derechos son *del pueblo* o *de la Nación* nadie tiene derechos». Al respecto Alexander Hamilton escribió: «Un peligrosa ambición subyace bajo la especiosa máscara del celo por los derechos del pueblo».

Si alguna duda cabe al respecto de esa realidad tenemos la
evolución de la Unión Europea que en los últimos diez años en la
medida que aumentaron el gasto público, dejó de crecer. La única que
crecía un 1,7% por año era Alemania y este año tampoco crece.
Cuando el gasto público crece y alcanza o supera el 50% del PBI se
están violando los derechos de propiedad y consecuentemente cae la
inversión que es determinante del crecimiento económico. Esa es la
realidad del socialismo prevaleciente que ignora sus fracasos económicos y persiste en sus éxitos políticos basados en la demagogia.

Al respecto no puedo menos que repetir una frase, diría genial, de
un argentino al que admiro, Juan Bautista Alberdi: «Hasta aquí el
peor enemigo de la riqueza del país es la riqueza del fisco». Y esa es
igualmente la problemática que impera hoy en Argentina. El desequilibrio heredado por el presidente Mauricio Macri fue el aumento del
gasto público incrementado por el gobierno de los Kirchner, y Macri
lamentablemente en lugar de reducirlo desde el inicio de su gobierno
lo aumentó. Hoy persiste la discusión al respecto del déficit y se ignora
que como reconoció Friedman lo que importa no es el déficit sino el
nivel del gasto que es el costo que paga la sociedad. Y para terminar
me voy a permitir citarme: «Prefiero un gasto más bajo con un déficit
más alto que un gasto más alto con un déficit más bajo».

III- Una visión del mundo en la HISTORIA

De acuerdo a Michael Lind, John Mearsheimer en su *The Great Liberal Delusion and International Realities* argumentó que «la desaparición de las restricciones impuestas por la Guerra Fría, le concedió a Estados Unidos el lujo de tratar de reformar al mundo conforme al credo político y doméstico americano del liberalismo».

Para comenzar voy a insistir en una primera discordancia con ese juicio, que en primer lugar ignora la determinante de que la guerra fuera fría y no caliente. Y en segundo lugar que que si bien los Estados Unidos restauraron a Europa, Plan Marshall mediante, esa no fue una política universal. La idea de que un poder no se tiene que preocupar acerca de ser atacado por otro gran poder porque ése no existe es a mi juicio otro error analítico de la historia.

La desaparición de la guerra no ha sido determinada por la desaparición de los poderes, sino por la aparición de las armas nucleares. Y permítanme volver a citar a Alberdi: «Las guerras serán más raras a medida que la responsabilidad por sus efectos se hagan sentir en todos los que las promueven y las incitan». Y el Papa Juan Pablo II reconoció que la armas nucleares no eran bélicas sino disuasorias.

Entonces considero que la idea fundamental no ha sido una hegemonía liberal, sino reconocer cuales fueron los factores determinantes del surgimiento de los Estados Unidos. Ese liberalismo es el sistema ético y político que se basó en las ideas de Locke, Hume y Adam Smith desarrollado por los *Founding Fathers* a partir de la Constitución de 1787.

La concepción de los Estados Unidos no surgió del colapso de la Unión Soviética, sino del sistema al cual me he referido. Lamento decir que no veo claro qué es la llamada *hegemonía liberal*. En el mundo los países que no aceptaron el sistema al que me he referido siguieron y siguen siendo pobres y no poderosos. Europa del Siglo XX ha sido un caso excepcional en la historia. Es la primera vez que los países que perdieron la guerra ganaron la libertad.

Lamentablemente con el tiempo en Europa resurgió el populismo, desarrollado por primera vez en el totalitarismo de la Revolución Francesa. Ahora el socialismo es democrático, tal como lo predijo Eduard Bernstein, y se manifiesta en el aumento del gasto público, que determina la violación de los derechos individuales (de *propiedad* y de *búsqueda de la felicidad*) en el supuesto reconocimiento de los *derechos del pueblo*. La consecuencia ha sido la caída en la tasa de crecimiento económico.

El sistema liberal no tiene *per se* un objetivo hegemónico, sino que, por el contrario, acepta el pensamiento de Hume de que la riqueza de tu vecino no te perjudica, sino que te beneficia, De esa idea surgió el Plan Marshall. Asimismo la China pretende el acuerdo económico comercial con Estados Unidos. Y Trump lo reconoció en su discurso *State of the Union* de febrero 2019.

Referirse al *Mundo Occidental* constituye otra falacia de la historia, tal como lo he explicado en anteriores oportunidades. Si hubiese sido por Europa el llamado *mundo occidental* habría sido nazi o comunista, no liberal. Y otro error del autor es considerar que el desarrollo de Estados Unidos se debió al protestantismo. La libertad religiosa surgió en Estados Unidos como consecuencia de la previsión de Adam Smith cuando dijo: «Habrá libertad religiosa cuando haya multiplicidad de sectas». Y las sectas protestantes eran múltiples.

El proceso de evolución de los Estados Unidos comenzó con la Constitución de 1787, el *Bill of Rights* de 1791 y el denominado *Judicial Review* de 1803. Hasta esas fechas los americanos estaban tan atrasados como los latinoamericanos, y al respecto vale recordar las palabras de Alexander Hamilton: «Nosotros con propiedad podemos decir que hemos alcanzado la última etapa de la humillación. Hay escasamente algo que pueda herir el orgullo, o degradar el carácter de una nación independiente que nosotros no experimentemos».

John Mearsheimer insiste en la idea de que la guerra dejó de ser el objetivo de los estados, pero al respecto ignora la causa de ese hecho y que fue la aparición de las armas nucleares. Por ello hoy la China no tiene la menor intención de una guerra con Estados Unidos, pues su economía también depende de su relación con Estados Unidos. Y al respecto Vladimir Putin declaró: «Lo último que quiero es una guerra con Estados Unidos».

Ver al mundo de hoy en los términos de la historia es no reconocer el por qué el mundo en que vivimos, tal como lo explica William Bernstein en *The Birth of Plenty*, comenzó hace tan sólo unos doscientos años. Tal como reconociera Alexis de Tocqueville en sus *Cartas Persas*, los musulmanes creen que los cristianos son los que más se matan entre ellos. Y esa realidad ,que se percibió en la Guerra de los Treinta Años (1618-1648) cuando murió gran parte de la población de Europa, continuó en el siglo XX con las dos guerras mundiales.

No se puede negar tampoco que lamentablemente en su política los Estados Unidos han cometido errores. En primer término el acuerdo de Yalta en el que Franklin D. Roosevelt entregó a Stalin la Europa del Este. No me voy a referir tampoco los errores con Irán y también con Irak. Pero si me voy a referir a uno que considero fundamentalmente triste, y que fue la decisión de Kennedy de entregar Cuba a la órbita soviética. A esa decisión, que creó el régimen más criminal que ojos vieran, le debimos toda la guerra de guerrilla en América Latina, financiada por Rusia y organizada en la Habana.

No voy a entrar a analizar la política de Trump, quien a mi juicio en algunos aspectos desconoce el pensamiento de los *Founding Fathers* y consecuentemente se enfrenta a la Corte y viola la Constitución. Al respecto no olvidemos que el sistema que cambió al mundo no se debió a una cultura particular o diferencias en la naturaleza humana, sino al reconocimiento de la misma como lo manifestó claramente David Hume. Argentina es otro ejemplo histórico de ese hecho, pues cuando reconoció ese principio en su sistema político pasó a ser uno de los primeros países del mundo. Por favor no olvidemos hoy ese hecho, que aparentemente lo reconoce el presidente de Brasil Jair Bolsonaro.

IV- El mundo en desconcierto

La llegada de Donald Trump a la Casa Blanca ha provocado a mi juicio una mayor confusión política en el mundo. Pero no nos engañemos, esa confusión viene de antes y la diferencia es que a mi juicio Trump ha tenido un efecto sobre ella. Así diría que sorpresivamente en dos recientes artículos de *Foreign Affairs* los autores se refirieron a la decadencia del liberalismo en los Estados Unidos, y consecuentemente en el mundo, como consecuencia de la política de Trump, que aparentemente ignora y viola el sistema creado por los *Founding Fathers*. Y en esa sorpresa me refiero al hecho de que por primera vez al sistema creado por los *Founding Fathers* y que llamaran el *Rule of Law*, se le ha reconocido como *liberal*, cuando hasta la fecha se le denominaba *conservadorismo*.

En general los artículos se refieren a que la política de Trump no sólo ignora el régimen político americano violando la Constitución enfrentándose con la Corte y con la prensa, sino también con respecto a lo que denominan el mundo de la democracia liberal, creado por la política americana a partir de la Segunda Guerra Mundial. O sea la política internacional americana que ha roto con la NATO, es decir con Europa y en particular con Alemania. Asimismo está en discusión la aparente relación de Trump con Putin. Igualmente Trump apoya el Brexit que es la ruptura de Inglaterra con la Unión Europea. Y no menos importante es la propuesta de Trump de controlar el comercio internacional, que implica ignorar que el comercio ha sido la superación de las guerras que padeció Occidente hasta el siglo XX.

Mi discrepancia con todas las consideraciones, algunas de las cuales las comparto, se refieren específicamente a que no es cierto que en el *Mundo Occidental*, léase Europa, reina el liberalismo. En los principales países de la Unión Europea no prevalece el liberalismo sino la social democracia, o sea el socialismo democrático que ya había predicho Eduard Bernstein en *Las Precondiciones del Socialismo,* publicado en 1899. El *socialismo* al que ya me he referido en anteriores oportunidades es el resultado de la demagogia, y ahora le denominan *populismo de izquierda*. Pero también prevalece la alternativa del *populismo de derecha*, que es el *nacionalismo* con Marine Le Pen a la cabeza.

En su artículo *¿Puede sobrevivir el orden libera?* John Ikenberry escribió: «¿Está el mundo presenciando la muerte del orden liberal dirigido por los Estados Unidos?» Esta pregunta también me sorprende porque si bien puede considerarse que la propuesta política de Donald Trump de suspender el libre comercio y romper con la NATO, o sea enfrentar a la Unión Europea y particularmente a Alemania, estaría rompiendo el acuerdo Occidental, no es eso lo que ha decidido el régimen socialista que prevalece en Europa.

Lamentablemente los artículos citados tienden a confundir al *liberalismo* con la *democracia*, y se olvida que ya Madison en la Carta 51 de *El Federalista* había escrito: «Un despotismo electivo no es el gobierno por el que luchamos». Pero más aun siguiendo en esa línea escribió: «Hombres de temperamento faccioso, de prejuicios locales, o de siniestros designios, pueden por intriga, por corrupción u otros medios, primero obtener los sufragios, y después traicionar los intereses del pueblo». No olvidemos que ya Aristóteles había escrito que la democracia era destrucción de la república.

En las anteriores palabras podemos observar la actual confusión existente respecto al sistema que cambió la historia del mundo llamado *Rule of Law* por los *Founding Fathers*. Sistema que en general se cataloga como *capitalismo* y por lo tanto se obvia, o se ignora, que la economía es la consecuencia del sistema ético, político y jurídico que determina los comportamientos individuales. Y tampoco depende de la supuesta cultura, pues como antes dije los comportamientos individuales son determinados por las normas que rigen el sistema. Y ese sistema se basa en la limitación del poder político y el respeto por los derechos individuales a la vida, la libertad, la propiedad y el derecho a la búsqueda de la propia felicidad. Y este último fue considerado por Locke como el principio fundamental de la libertad.

A los efectos de cumplir con esos principios en Estados Unidos se estableció la denominada *Judicial review* (Revisión Judicial) que implica el cumplimiento que primero expresara Alexander Hamilton en la Carta 78 de *El Federalista* y que fue puesto en práctica por el juez John Marshall en el caso Marbury vs. Madison de 1791. Al respecto Hamilton había escrito: «La Constitución debe ser considerada por los jueces como la ley fundamental. Ninguna ley contraria a la Constitución puede ser válida». Y seguidamente, siguiendo un pensamiento expuesto por Adam Smith, dijo: «No hay libertad si el poder Judicial no está separado del poder Ejecutivo y del poder Legislativo. Cuando el poder Judicial está unido al poder Ejecutivo, es escasamente posible que la Justicia no sea frecuentemente sacrificada a lo que es vulgarmente llamada política». Y fue a partir de estas concepciones que el Juez John Marshall decidió: «Cuando un gobierno crea una Constitución, la considera la ley fundamental, por tanto toda ley contraria a la Constitución es nula. Es la función y el deber del poder Judicial el decir qué es la ley».

Estos son los principios fundamentales que distinguen al *Rule of Law* de la democracia mayoritaria. Al respecto David Hume había dicho: «Lo que importa no son las mayorías sino las asambleas que pretenden representarlas». En ese respecto es fundamental tomar en cuenta el derecho a la búsqueda de la felicidad, que implica el reconocimiento que los intereses privados no son contrarios al interés general. Y es en la supuesta satisfacción del interés general que se funda la violación de los derechos individuales en nombre del pueblo. Como bien dijera Ayn Rand: «La noción tribal del bien común ha servido como la justificación moral de la mayoría de los sistemas sociales y de todas las tiranías de la historia».

Visto los principios que anteceden y que constituyen los supuestos básicos del sistema liberal, no es cierto que ellos prevalecían en Occidente antes de la llegada de Donald Trump a la Casa Blanca. Si bien algunos aspectos de la política de Trump constituyen una violación nacional e internacional de esos principios, ello no implica desconocer que los mismos han sido históricamente ignorados en la Europa continental. En la Unión Europea prevalece el sistema socialista, que es la antítesis del sistema liberal. Allí reina el denominado sistema del *populismo de izquierda* y de *derecha*. Ya debiéramos saber que cuando el gasto público se acerca o supera el 50% del PBI se está violando el derecho de propiedad y consecuentemente cae la tasa de crecimiento económico, tal como está ocurriendo hoy en la Unión Europea. La supuesta *Civilización Occidental* es y ha sido la falacia de la historia en la cual hoy nos encontramos. Si hubiese sido por Europa hoy el mundo occidental sería nazi o comunista. He dicho.

V- El Iluminismo

Estimado Ian, gracias otra vez por enviarme el *Cato Policy Report*. En esta oportunidad ley el artículo de Steven Pinker sobre un tema que considero trascendente, por lo que considero la confusión reinante en el mundo. Y precisamente el artículo en cuestión a mi juicio participa al creer que: El Iluminismo; nos dio paz, prosperidad y progreso.

Así dice Peter Drucker al respecto: «No puede negarse que la Ilustración y la Revolución Francesa contribuyeron a la libertad en el siglo XIX. Pero su contribución fue totalmente negativa; ellos fueron la dinámica que hizo volar los escombros y los restos de la antigua estructura... Hay una línea directa de Rousseau hasta Hitler, una línea que incluye a Robespierre, Marx y Stalin... Tan difundida y tan falaz como la creencia de que la Ilustración engendró la libertad en el siglo XIX es la creencia de que la Revolución Norteamericana se basó en los mismos principios que la Revolución Francesa y que fue efectivamente su precursora.

El Iluminismo a mi juicio es el oscurantismo de la razón, y el engendro del totalitarismo como la racionalización del despotismo. Hablar en un sentido favorable del Iluminismo implica ignorar que tal como dijera Ayn Rand: «La filosofía política angloamericana y la Franco-Alemana son tan diferentes como el día y la noche. De la primera surgió la libertad por primera vez en la Historia, y de la segunda el totalitarismo».

Por esa razón permítanme otra cita que considero igualmente trascendente de Jean François Revel: «Son los europeos que yo sepa quienes hicieron del siglo XX el más negro de la Historia...en las esferas política y moral, se entiende. Ellos fueron los que provocaron los dos cataclismos de una amplitud sin precedentes que fueron las dos guerras mundiales, ellos fueron los que inventaron y realizaron los dos regímenes más criminales jamás infligidos a la especie humana».

En el artículo referido Pinker parece ignorar estos hechos y además muestra una admiración por Kant a quien considera el propulsor de la paz. El pensamiento de Kant, quien consideraba a Rousseau el Newton de las ciencias morales, en la realidad representa los principios fundamentales del totalitarismo y de la guerra. Así primeramente escribió en *La Metafísica de la Moral*: «Lo contrario precisamente del principio de la moral es que el principio de la propia felicidad sea tomado como fundamento determinante de la libertad». Y así insistía en que la búsqueda de la felicidad era inmoral pues se hacía por interés y no por deber». Consecuentemente por las mismas razones desvalorizaba el comercio.

Vale recordar entonces que de acuerdo con John Locke la búsqueda de la felicidad era el principio fundamental de la libertad. Y no olvidemos que fue a partir del pensamiento de Locke que se produjo la *Glorious Revolution* en Inglaterra en 1688, que fue el principio de la libertad en el mundo y la razón de ser de la creación de riqueza.

Pero continuando con el pensamiento de Kant, que considero el principio fundamental del totalitarismo, y así dijo: «De esto surge que el soberano sólo tiene derecho en relación a sus súbditos». Y llegó Hegel, a quien considero un discípulo de Kant, y dijo: «El Estado es la divina idea tal como se manifiesta sobre la tierra.» Y pasando al tema de la guerra Kant en su *Idea Para Una Historia Universal* escribió: «El hombre busca la concordia, pero la naturaleza, que conociendo lo que es mejor para las especies, desea la discordia». Y por supuesto añadió Hegel: «La guerra es el momento ético de la sociedad».

Kant dio un vuelco ideológico con su publicación de *La Paz Perpetua*. Ello se debió a cómo reconoció que Hume lo había despertado de su modorra. Steven Pinker se limita a reconocer el pensamiento de Kant tan solo a partir de *La Paz Perpetua,* y después se refiere a la importancia del pensamiento de Adam Smith en lo que se ha llamado *la mano invisible*, pero aparentemente ignora la relación de ese pensamiento con el principio de Locke respecto al derecho a la búsqueda de la felicidad.

Asimismo discrepo con Pinker respecto su visión respecto a que el liberalismo ha sido la fuente del totalitarismo. La realidad es que el liberalismo surgido del pensamiento de Locke representa la antítesis al pensamiento de Marx. Porque además recordemos que el sistema del *Rule of Law* es ético, político y jurídico, y la economía es la consecuencia. Y fue ese sistema llevado a sus últimas consecuencias por los *Founding Fathers* en Estados Unidos el que permitiera la libertad y la creación de riqueza por primera vez en la Historia.

El Marxismo basado en el supuesto falaz de que el capitalismo es la explotación del hombre por el hombre, fue la continuidad del pensamiento totalitario que se desarrolló en Rusia y persiste en Cuba. Y como reconoce Alexis de Toqueville: «La riqueza de los países no depende de la fertilidad de sus tierras, sino de la libertad de sus ciudadanos».

En los momentos que vivimos Marx está presente en su visión «De cada cual de acuerdo a sus habilidades a cada cual de acuerdo a sus necesidades». Y en esa visión se entraña el socialismo que de acuerdo Eduard Bernstein se podía llegar democráticamente y sin revolución. Consecuentemente tal como lo describió Cas Mudde en *Foreign Affairs, El surgimiento del Populismo en Europa.* Consecuentemente la Unión Europea no crece pues cuando se incrementa el gasto público se violan los derechos de propiedad y cae la tasa de crecimiento económico.

Espero te interese y no te abrume. Gracias de nuevo.

Armando

VI- Interés público y privado

La teoría de que se debe priorizar el interés público sobre los intereses privados es una concepción errónea que lo muestra la historia del mundo. Al respecto Alexander Hamilton reconoció en la Carta 1 de *The Federalist Papers*: «Una peligrosa ambición subyace bajo la especiosa máscara del celo por los derechos del pueblo». El proceso que cambió al mundo que como reconoció William Bernstein en *The Birth of Plenty*, hasta hace 200 años el mundo vivía como vivía Jesucristo, se basó en el respeto por los derechos individuales: El derecho de propiedad privada y el derecho a la búsqueda de la propia felicidad. Este derecho fue considerado por John Locke como el principio fundamental de la libertad. Asimismo había reconocido la necesidad de restringir las prerrogativas de los reyes pues los monarcas también son hombres.

Ese principio de la libertad fue reconocido por Adam Smith en la llamada mano invisible y escribió: «Persiguiendo su propio interés el frecuentemente promueve el de la sociedad más efectivamente que cuando el realmente intenta promoverlo. Yo nunca he conocido mucho bien hecho por aquellos que afectan actuar por el bien público».

Esa es la conocida mano invisible que determinó el crecimiento económico, hoy amenazado por los derechos del pueblo implícitos en el aumento del gasto público. En La unión Europea ha crecido en algunos países como Francia a más del 50% del PBI. En virtud de esa realidad del populismo imperante La Unión Europea no ha crecido en los últimos diez años. Vale recordar lo que dijo Alberdi al respecto: «Hasta aquí el peor enemigo de la riqueza del país es la riqueza del fisco.

Y siguiendo con la Argentina, el desequilibrio económico heredado por Macri a su llegada al poder era el aumento del gasto público que tuvo lugar durante el gobierno de los Kirchner. En el 2003 el gasto público en Argentina era el 23% del PBI y en el 2015 se había elevado al 45% del PBI. Lamentablemente Macri en lugar de reducirlo lo aumentó y en el 2017 alcanzó al 52% del PBI. Aquí estamos y por esa razón la economía argentina no crece, pues cuando sube el gasto baja la inversión que es la determinante del crecimiento económico.

VII- Las elecciones francesas; Derecha e Izquierda

Las recientes elecciones francesas constituyen una prueba más de la confusión que reina en el llamado mundo Occidental y Cristiano. Cuando tenemos en cuenta las diferencias de las respectivas filosofías políticas de los candidatos, nos encontramos ante un mundo incierto, que a mi juicio ignora los principios que determinaron la situación del mundo en que vivimos. Mundo que tomamos por dado y que en gran medida se vitupera como capitalismo el sistema que lo creo tan solo a partir de hace unos doscientos años. Tal como lo describe William Bernstein en *The Birth of Plenty*: «hasta principios del siglo XIX el mundo vivía como vivía Jesucristo».

Empecemos con la Sra Marine Le Pen, que ganó el segundo lugar en las elecciones. ¿Qué es la extrema derecha? Aparentemente se entiende por extrema derecha el Fascismo, plagado de nacionalismo. Al respecto se ignora que el origen del fascismo surge del socialismo, tal como lo define Von Hayek en *The Road To Serfdom* y lo interpreta Ernst Nolte en *Three Faces of Fascism*.

Tanto uno como otro se trata de ignorar los derechos individuales en nombre de la organización. Y como bien reconoce Hayek el fascismo y marxismo son el producto de la filosofía que produjeron grandes pensadores de Europa que generaron la teoría del Estado de Johann Fichte, Ferdinand Lasalle y Johann Karl Rodbertus, y por supuesto Oswald Spengler y a la que adhirió Hegel y desde mi punto de vista incluyo a Kant. Esa teoría, tal como la describe Hayek parte de que: «El estado no está fundandado i formado por individuos, ni tiene el propósito de de servir ningún interés particular. Es el sistema en el que el individuo no tiene derechos sino solo deberes. Así lo reconoció Kant.

El fascismo que surgió de Italia con Mussolini es otra muerta de su origen socialista, hoy aparentemente reconocido por extrema derecha. Mussolini era socialista y aparentemente leyó a Lenín que escribió en reconocimiento del fracaso del comunismo «La Nueva Política Económica» donde dijo: «Los capitalistas están entre nosotros. Están operando como ladrones; ellos tienen ganancias; pero ellos saben cómo hacer las cosas». Y no olvidemos que en Francia el líder del Fascismo, surgido del marxismo fue Charles Maurras y su creación La Acción Francesa. O sea que todo parece indicar que de la descripción que se hace del pensamiento de Marine Le Pen, Maurras está de vuelta en Francia.

En otra descripción del resultado de las elecciones francesas, Emmanuel Macron quien ganó las elecciones con el 23% de los votos es pro europeo y liberal, en tanto que François Fillon es de centro derecha quedó en tercer lugar con el 18,8% de los votos, ganándole al líder de la llamada ultra izquierda Jean-Luc Mélenchon por 0,5%.

Ahora nos hacemos otra pregunta: ¿Qué es ser liberal y que es la centroderecha? El liberalismo fue el resultado de los principios que estableciera John Locke, que transformaran la historia del mundo, comenzando con la *Glorious Revolution* en Inglaterra en 1688, que más tarde determinara la más conocida Revolución Industrial. Por supuesto con el pensamiento de David Hume y Adam Smith incluidos determinaron en Estados Unidos la aprobación de la Constitución de 1787 y el *Bill of Rights* de 1791. Así surgió The *Rule of Law* denominado por Marx «capitalismo» para descalificarlo éticamente como la explotación del hombre por el hombre.

Queda la problemática pendiente de definir qué es la centro-derecha, y qué es ser liberal en Francia. ¿Cuál es la filosofía que difiere de los principios liberales que parten del reconocimiento de la naturaleza humana, y por ello en primer término Locke dijo: «Los monarcas también son hombres». Por tanto definió la necesidad de controlar el poder político. Y ese principio fundamental se estableció en Estados Unidos a partir de la institución del denominada *Judicial review*. La misma surgió a partir del caso de Madison vs. Marbury en el que el Juez John Marshall definió la función y el deber del Poder Judicial de decir qué es «la Ley» de acuerdo a la Constitución.

Hasta donde yo conozco la historia esa institución no se impuso en ninguno de los países europeos, ni aun en Inglaterra donde no hay Constitución y por tanto el supuesto control del poder se encuentra absolutamente en el Parlamento. Por ello cuando vino Attlee después de la Segunda Guerra Mundial, violando los derechos de propiedad destruyó la economía inglesa. Inglaterra tuvo que esperar la llegada de Margaret Thatcher para recuperar su situación económica, hoy igualmente deteriorada como consecuencia de la influencia del partido laborista para aumentar el gasto público al 49% del PBI.

Entonces ¿qué es estar a favor de Europa, tal como se dice de la posición de Macron? Evidentemente esa posición no implica un acuerdo ideológico o filosófico, sino tan sólo mantener la permanencia de Francia en la Unión Europea. No es que crea que el Brexit es una buena decisión para Inglaterra y que también es el propósito de Marine Le Pen, pero no debieran caber dudas acerca de la crisis de la Unión Europea causada en primer lugar por el Euro. Al respecto Andrew Moravcsik escribió en *Foreign Affairs, Europe's Ugly Future*, donde describe la problemática que causa la imposibilidad de que los países aprecien su moneda, y como la productividad alemana crece y sus socios comerciales no tienen la posibilidad de depreciar su moneda, ello produce un incremento de la demanda por los productos alemanes.

Pero el problema que enfrenta la Unión Europea no se limita al Euro y está descripto en otro artículo de *Foreign Affairs, Capitalism in Crisis* de Mark Blyth. En el mismo señala que la crisis del capitalismo se debe al aparente conflicto con la democracia. Ahora aparece la ética de la igualdad y el capitalismo supuestamente genera desigualdades. Por tanto el socialismo que ahora se le denomina populismo domina la democracia. Consecuentemente la Unión Europea tiene un gasto público que ronda el 50% del PBI, y en Francia ya alcanza al 56% del PBI. Y como bien señala George Gilder, «el gasto público no es parte del producto sino del costo de producir». Consecuentemente Europa no crece y hasta la fecha no sabemos de ninguno de los candidatos a la presidencia de Francia se haya manifestado al respecto de reducir el gasto.

Aparentemente la discusión política en Francia parece limitada entre el nacionalismo y el socialismo. Es decir entre el populismo de derecha y de izquierda. Entonces tenemos una deuda pendiente respecto a la definición de la derecha, de la extrema derecha, la izquierda y la centro-izquierda. Y ahora tenemos pendiente a Estados Unidos con el nivel de gasto más elevado de su historia rondando el 40% del PBI. Pero siguiendo con nuestra duda, ¿Es posible saber si los

Founding Fathers eran de extrema derecha? Hasta 1918 solo el 20%
de la población tenía derecho a votar.

En la carta 10 de *El Federalista* James Madison escribió: «Hombres
de temperamento faccioso, de prejuicios locales, o de siniestros designios, pueden por intriga, por corrupción o por otros medios,
primero obtener los sufragios, y después traicionar los derechos de la
gente». O sea se manifestó frente a la democracia mayoritaria y a
favor de la república tal como había dicho Aristóteles 2500 años antes.
Lo cierto al respecto es que cuando establecieron la Constitución de
1787 y el sistema del *Rule of Law*, o sea el respeto por los derechos individuales y que el gobierno estaba formado por hombres que no eran
ángeles, lograron que en cien años los Estados unidos pasaran a ser la
primera economía mundial.

Ora llegó Donald Trump quien parece seguir una política
contraria a la definida por los *Founding Fathers* y lo podríamos considerar populista de derecha. O sea a favor de la Nación. Por ello tiene
encuentros con su propio partido y no sabemos adónde vamos. Pero
en tanto y en cuanto no decida reducir el gasto y las crecientes regulaciones que complican las decisiones económicas difícilmente se re-
cupere la economía americana. Y ése es el proceso que habría determinado la decadencia del crecimiento económico en la Unión
Europea. ¿Qué pasaría si Marine Le Pen ganara y separara a Francia
de la Unión Europea, y siguiendo los pasos de Trump impidiera la inmigración? Hasta ahora son sus únicas prédicas políticas. Así tampoco
conocemos la política a seguir del liberalismo de Macron, salvo que
no se separará de la Unión Europea. Pero qué haría con el Euro y con
el nivel del gasto? No sabemos. «El futuro es *semper incertus*».

VIII- Perdió Le Pen

Recientemente escribí un artículo en el que expresaba la confusión pendiente respecto a las alternativas políticas en las elecciones pendientes en Francia. Finalmente ganó Emmanuel Macron quien se describe favorable a la Unión Europea, a la continuidad del Euro y es liberal. Perdió Marine Le Pen reconocida como de extrema derecha y favorable a la salida de Francia de la Unión Europea, y por consiguiente a la eliminación del Euro y la vuelta al Franco.

Mi criterio es que hasta la fecha los interrogantes pendientes antes de las elecciones permanecen. Mantenerse en la Unión Europea es la decisión política del ganador Macron. No me cabe la menor duda de que esa decisión es favorable y una reversión de la triste historia europea. Como bien dice Montesquieu en *Las Cartas Persas*, los musulmanes decían que los cristianos eran los que más se mataban entre ellos. Y ¿Quiénes eran los cristianos? Los europeos. Recordemos la *Guerra de los Cien Años* entre Francia e Inglaterra 1337-1453 y la *Guerra de los Treinta Años* 1618-1648 cuando murió la mitad de la población de Europa. Y así llegaron al siglo XX con las dos guerras mundiales, que afortunadamente ganaron los Estados Unidos y cambió la historia de Europa.

Por esas razones la creación de la Unión Europea a partir del acuerdo del Carbón y el Acero en 1951 organizado por Robert Schuman y Jean Monnet. En 1992 llegó el Acuerdo de Maastrich que entró en vigor en Noviembre de 1993 y se creó la Unión Europea, que determinó una transformación del mundo cristiano. Por tanto como bien señala *The Economist* el Brexit a quien más perjudica es a la propia Inglaterra, pues el 40% de las exportaciones inglesas van a la Unión Europea y sólo un 8% de las importaciones provienen de allí.

Por tanto en ese aspecto la decisión de Macron de permanecer en la Unión Europea es una política favorable a Francia y a la Unión Europea en general. Por supuesto Marine Le Pen está a favor de salir de la Unión Europea y pretende que Francia sea nuevamente un país y no una provincia de la Unión Europea. El resultado de las elecciones muestra que un 35% de los franceses prefieren salir de la Unión Europea. Hasta la fecha no obstante su decisión de permanecer en ella Macron no ha dado ninguna información respecto a la política a seguir para salir de la crisis de la Unión Europea y el hecho de que la economía Francesa hace 10 años que no crece.

La otra política definida por Macron, cuya victoria hoy aparentemente se vislumbra como un hecho insólito de que sea el presidente más joven que ha tenido Francia, y se toma en cuenta otro hecho diría políticamente intrascendente que es que está casado con una mujer 20 años mayor que él. Por ello pareciera que no ganó Macron sino que perdió Le Pen por su calificación de extrema derecha, y su posición de salir de la Unión Europea. Tanto así que en la elección preliminar sólo le gano por un 5% de los votos y alcanzó tan sólo al 23%.

La otra política definida por Macron es que no pretende salir del Euro. Desde mi punto de vista esa posición entraña un error, que es ignorar, lo que ya debiéramos haber aprendido en Argentina que es la sobrevaluación de la moneda. Al respecto ya se refirió claramente el Nobel Joseph Stiglitz, que en su reciente libro describe la necesidad de salir del Euro, que constituye una causa fundamental de la crisis de la Unión Europea. Y James Galbraith describe los efectos del Euro cuando se refiere a que «en la Unión Europea los socios comerciales de Alemania no pueden depreciar su moneda lo que depreciaría su poder de compra, y esto produce un incremento en la demanda de los productos alemanes». Y Alemania es el país de la Unión Europea que tiene un enorme superávit comercial respecto a los demás países de la Unión.

Si bien no concuerdo con la posición filosófica de Le Pen no puedo menos que reconocer que su propuesta de salir del Euro es favorable a Francia y a toda la Unión Europea con la excepción de Alemania. Por ello al respecto dijo en una reciente entrevista con *Foreign Affairs*: «Lo que quiero es negociar. Lo que quiero es concertar la salida de la Unión Europea, donde todos los países se sienten en la mesa y decidir retornar a la serpiente monetaria europea. Muchos países se han dado cuenta que no pueden continuar viviendo con el Euro, porque su contraparte es una política de austeridad, que agrava la recesión en varios países».

Pero volviendo a Macron, si bien se dice liberal, aparentemente el candidato que representaba a los liberales que llaman a mi juicio erróneamente centro-derecha era François Filón, que perdió la elección en la primera vuelta, y ahora apoya a Macron.

Cuando uno se reconoce liberal nos consideran de derecha y por consiguiente estamos a favor de los ricos y contra los pobres. Como bien señala Andrew Maravcsik en su artículo de *Foreign Affairs*: *Europe's Ugly Future*, el populismo reina en Europa. Populismo de izquierda y de derecha. Por esa razón es evidente que se ignora que la causa de la crisis europea es el nivel del gasto público.

Hasta ahora Macron no se ha referido en ningún momento a que la causa de la crisis francesa y Europea ha sido y sigue siendo el aumento del gasto público, que es la expresión del populismo en nombre de la ética falaz de la igualdad. El gasto público en Francia alcanza al 56,9% del PBI. Como se sabe hay una correlación inversa entre el nivel del gasto público, que como bien dice George Gilder «no forma parte del producto sino del costo de producir» la economía francesa no crece desde el 2007.

Cuando el gasto público supera el 50% del PBI ya no se puede reconocer que el sistema político que impera es liberal, pues ello implica de facto la violación del derecho de propiedad en función del nivel de los impuestos. Asimismo se viola el derecho a la búsqueda de la propia felicidad –que está reconocido en el artículo 19 de la Constitución Argentina– y que está señalado por Locke como el principio fundamental de la libertad. Y al respecto Alberdi escribió: «Las sociedades que esperan su felicidad de la mano de sus gobiernos, esperan una cosa que es contraria a la naturaleza». Esa situación la están sufriendo los otros países de la Unión Europea donde de acuerdo a la última información del FMI el Gasto Público en Italia alcanza al 50% del PBI, en Alemania el 44,12% del PBI, en Inglaterra el 43,33% y en España el 45%. Por ello la economía europea no crece.

Otro aspecto a tomar en cuenta y respecto al cual tampoco Macron se ha referido es la difícil situación enfrentada por Europa como consecuencia de la inmigración de los musulmanes que escapan de sus propios países. Y al respecto no olvidemos que el terrorismo islámico sin duda es la respuesta a las Cruzadas. Y al respecto Le Pen se refirió con cierta razón cuando dijo pues está teniendo en cuenta este riesgo. Pero en respuesta a la pregunta de *Foreign Affairs* ¿Porqué sólo el Islam y no otra religión es un problema? A mi juicio contestó Le Pen: «Francia está sujeta a las normas del secularismo. El fundamentalismo islámico no acepta ese principio pues considera que la *Sharia* es superior a todas las leyes, incluidas las de la Constitución Francesa». Creo que algo es necesario hacer al respecto, tal como lo está planteando Trump en Estados Unidos, aunque valoro la amabilidad de Mrs. Merkel con la aceptación de los islámicos escapados de sus propios países en busca de libertad. Esa decisión le ha costado políticamente en Alemania. En fin algo debe hacerse al respecto pero tampoco sabemos que piensa Macron al respecto.

IX- Crisis del Estado en el mundo en que vivimos

Me van a perdonar pero voy a comenzar con la historia que como dice David Hume es un aprendizaje. «Hasta hace 200 años el mundo vivía como vivía Jesucristo». William Bernstein: *The world of plenty*. Y las ideas que voy a exponer no son mías. Si fueran mías estaríamos en la Edad Media. Y no lo digo por modestia; yo no tengo ese defecto.

¿Cual fue la razón que determinó el proceso de desarrollo que hemos alcanzado?

Ese proceso comenzó en el mundo de las ideas que se iniciaron con el pensamiento de John Locke.

Surgió así el reconocimiento de la naturaleza humana, y así Locke determinó que los monarcas también son hombres y por tanto era imprescindible el reducir las prerrogativas del rey. En contra del derecho divino de los reyes.

La libertad religiosa: «Nadie puede ir al cielo con una religión en la que no cree». Si en Inglaterra hubiera habido libertad religiosa los Estados Unidos no existirían.

Seguidamente el respeto del derecho de propiedad y del derecho a la búsqueda de la felicidad, al cual considero el principio fundamental de la libertad. Implica reconocer que los intereses privados no son contrarios al interés general.

«Lo que importa no es la ley sino qué ley». Al respecto Friedrich Hayek escribió: «No es lo mismo una ley que regula el tránsito que una que dice adónde tenemos que ir».

Surgió en Inglaterra la *Glorious Revolution* de 1688 y seguidamente la *Revolución Industrial*. 1760-1840.

Ello ocurrió en Inglaterra, que hasta ese momento era uno de los países más pobres de Europa y donde tampoco había libertad. Al respecto David Hume escribió: «Los ingleses en aquella época estaban tan sometidos que al igual que los esclavos del Asia admiraban la tiranía y la opresión que se ejercía sobre ellos y a su costa». Si en Inglaterra hubiese habido libertad religiosa los Estados Unidos no existirían.

Asimismo David Hume reconoció la naturaleza humana y escribió: «Es imposible cambiar o corregir algo material en nuestra naturaleza, lo más que podemos hacer es cambiar nuestra circunstancia y situación, rendir la observancia de las leyes de la justicia a nuestro interés mas próximo y su violación al más remoto». Y sigue Hume: «Nadie puede dudar de que la convención por la distinción de la propiedad , y por la estabilidad de la posesión, es de todas las circunstancias la más necesaria para el establecimiento de la sociedad humana»

Y llegó Adam Smith y la *Mano invisible*: «En la prosecución de su propio interés él frecuentemente promueve el de la sociedad más efectivamente, que cuando él realmente pretende promoverlo. Yo nunca he conocido mucho bien hecho por aquellos que afectan el tratar por el bien público». O sea reconoció la validez y la eficiencia económica del principio del derecho a la búsqueda de la felicidad. Y añadió: «Cuando el Poder Judicial está unido al Ejecutivo, la justicia es pura política». E igualmente comprendió que «la libertad religiosa se produciría con la multiplicidad de sectas».

Todos estos principios fueron ignorados y contradichos en la filosofía política de la Europa Continental, desde Rousseau hasta Marx y pasando por Kant y Hegel. Rousseau pretendía la creación de un hombre nuevo. Escribió: «nada hay más perjudicial que la influencia de los intereses privados en los asuntos públicos» «el cuerpo político tiene poder absoluto sobre sus miembros». Con la colaboración de Robespierre surgió la Revolución Francesa que nos la han enseñado como el inicio de la libertad cuando desde la égida de la Diosa Razón surgió el totalitarismo como la racionalización del despotismo.

Kant consideraba a Rousseau el Newton de las ciencias morales, y descalificaba la búsqueda de la felicidad por hacerse por interés y no por deber. Por tanto el comercio era deshonesto. «De aquí surge la proposición de que el soberano de un estado solo tiene derechos en relación a sus súbditos, y no deberes coercibles». Por supuesto estaba a favor de la guerra y escribió: «El hombre quiere la concordia, pero la naturaleza, que sabe mejor lo que favorable para la especie humana, quiere la discordia» Y Hegel decía que la guerra era el momento ético de la sociedad, que el Estado era la divina idea tal como se manifiesta sobre la tierra y que el individuo no tenía más razón de ser que su pertenencia al Estado. Si hubiese sido por Europa el mundo sería nazi o comunista.

Y por supuesto de Marx, que después de reconocer el progreso bajo el capitalismo lo descalificó y en el *Manifiesto Comunista* concluyó: «El capitalismo es la explotación del hombre por el hombre». Y el socialismo: «De cada cual de acuerdo a sus habilidades a cada cual de acuerdo a sus necesidades». Y consecuentemente la dictadura del proletariado en función de la guerra de clases.

En la actualidad el socialismo es Marx, Eduard Bernstein mediante, que dijo que al socialismo se podía llegar democráticamente. Y esa es la situación de Europa en la actualidad. Pues el aumento del gasto público a niveles del 50% del PBI se viola el derecho de propiedad y cae la tasa de crecimiento económico.

Las ideas que llevaron a la libertad fueron llevadas a sus últimas consecuencias por los *Founding Fathers* en Estados Unidos. La diferencia entre el *Rule of Law*, la república y la democracia. La limitación del poder político. Jefferson «Un despotismo electivo no fue el gobierno por el que luchamos». Y se creó el *Judicial Review*. El Ejecutivo no puede violar la constitución y es el poder Judicial el que determina qué es la ley. El caso Marbury vs. Madison. El Juez John Marshall: «Todo gobierno que ha credo una Constitución la considera la ley fundamental, por tanto toda ley contraria a la Constitución es nula. Y es la función y el deber del Poder Judicial decir qué es la ley».

El respeto por los derechos individuales: La vida, la libertad, la propiedad y la búsqueda de la felicidad. Y fue en función de esos principios que en cien años los Estados Unidos pasaron a ser la primera economía mundial. El *Rule of Law*: El sistema es ético, político y jurídico, la economía es la consecuencia. Por ello Hayek escribió: «Cuanto más planifica el Estado, más difícil se hace la planificación para la individualidad. La planificación es la antítesis del *Rule of Law*».

Madison: «¿Pero que es el gobierno en si mismo sino la mayor de las reflexiones sobre la naturaleza humana? Si los hombres fueran ángeles no sería necesario el gobierno. Si los ángeles fueran a gobernar a los hombres, no serían necesario control externo ni interno. Al formar un gobierno que va a ser administrado por hombres sobre hombres, la gran dificultad yace en esto: Usted debe primero capacitar al gobierno a controlar a los gobernados, y en segundo lugar obligarlo a controlarse a si mismo. La dependencia en el pueblo es sin duda el control primario sobre el gobierno; pero la experiencia ha enseñado a la humanidad la necesidad de precauciones auxiliares». Pero recordemos que esto no fue el resultado de la cultura de los *pilgrims*, que cuando llegaron a Estados Unidos pusieron la tierra en común y se morían de hambre. Catherine Drinker Bowen en *The Miracle of Philadelphia* explica las dificultades que tuvieron para lograr la aprobación de la Constitución de 1787, y después hasta 1891 no fue posible acordar el *Bill of Rights*.

Alexander Hamilton: «Nosotros con propiedad podemos decir que hemos alcanzado la etapa final de la humillación nacional. Hay escasamente algo que pueda herir el orgullo, o degradar el carácter de una nación independiente, que nosotros no experimentemos». John Adams: «Le tengo más miedo a las posibilidades de nosotros de gobernarnos a nosotros mismos que a todas las flotas extranjeras del mundo». He rescatado estas observaciones para mostrar una vez más que no fue la cultura la creadora del sistema sino por el contrario el sistema el que determinó la cultura.

Los *derechos individuales* no son los *derechos humanos*. Art 25 de La Declaración Universal de los Derechos Humanos: «Toda persona tiene derecho a a un nivel de vida adecuado que le asegure así como a su familia, la salud y el bienestar y en especial la alimentación, el vestido, la vivienda, la asistencia médica y los servicios sociales necesarios; tiene asimismo derecho a los seguros en caso de desempleo, enfermedades, invalidez, viudez, vejez y otros casos de sus medios de subsistencia por independientes de su voluntad». Cuando los derechos son del pueblo ni ustedes ni yo tenemos derechos. Es la justificación del poder político absoluto.

Por esta razón podemos concluir que la *Civilización Occidental y Cristiana* es otra falacia de la Historia. Como reconoce Montesquieu en sus *Cartas Persas*: Los musulmanes en aquella época decían que los cristianos eran los que más se mataban entre ellos. Así estaba la *Guerra de los Cien Años* entre Francia e Inglaterra y después la *Guerra de los Treinta* años y llegó Napoleón. Llegamos al siglo XX con las dos Guerras Mundiales. Hasta el siglo XX los europeos preferían la guerra al comercio y hoy Trump parece estar en esa línea. Por ello al respecto Jean François Revel escribió: «Son los europeos, que yo sepa, los que hicieron del siglo XX el más negro de la historia en las esferas política y moral. Ellos fueron los que provocaron los dos cataclismos de una amplitud sin precedentes que fueron las dos guerras mundiales; ellos fueron los que inventaron y realizaron los dos regímenes más criminales jamás infligidos a la especie humana».

El populismo se ha apoderado de Europa. Populismo de izquierda –socialismo– y de derecha «nacionalismo. *El Surgimiento del Populismo en Europa,* Cas Mudde. Ramón de Campoamor: «En este mundo traidor nada es verdad ni es mentira todo es según del color del cristal con que se mira». El color es rojo, y la izquierda se ha apoderado de la ética en nombre de la falacia de la igualdad y del bien común. En función del socialismo han aumentado el gasto público y por ello hace diez años que la Unión Europea no crece. Y ahora surgió el Brexit y Madame Le Pen que quiere romper la Unión Europea – el Francexit– la deuda europea y los bancos europeos.

Y ahora voy a dar un salto cuántico en la historia para referirme a la Argentina, que en la época de Rosas tenía 800.000 habitantes –80% analfabetos– y era uno de los países más pobres del continente. Mediante Urquiza, Alberdi, Sarmiento y Mitre la convirtieron en el tercer país del mundo en poner en práctica el *Rule of Law,* y por ello a principios del Siglo XX, tal como reconociera *The Economist*, tenía un ingreso per cápita mayor que el de Francia, Italia y Alemania. Llegó Perón y trajo el fascismo a la Argentina apoyado por la Iglesia. Sebreli menciona: «Una pastoral firmada por el cardenal Copello y todos los obispos prohibía votar a los católicos por un candidato que apoyara la separación de la Iglesia del Estado». Recordemos que fue Jesucristo quien dijo: «Dar al Cesar lo que es del Cesar y a Dios lo que de Dios». El Concordato de Letrán, que fue el acuerdo de Pío XI con Mussolini, publicó la *Quadragesimo Anno*, que es una encíclica que rescata los principios del fascismo y en contradicción con la *Rerum Novarum* de León XIII que era liberal y contraria al socialismo Perón es el populismo en Argentina, y prevalece por más de 70 años. Cuando hablo de la Iglesia no hablo de religión sino de política. El Fascismo fue una extrapolación del pensamiento de Lenin que en su NEP escribió: «Los capitalistas están entre nosotros, actúan como ladrones, tienen ganancias, pero son los que saben hacer las cosas y hay que pactar con ellos» Y aquí estamos con Macri intentando a mi juicio volver a la Argentina que fue.

Ya Alberdi se había percatado de la problemática vigente en la actualidad y dijo: «Hasta aquí el peor enemigo de la riqueza del país es la riqueza del fisco. El ladrón privado es el más débil de los enemigos que la propiedad reconozca... Ella puede ser atacada por el Estado en nombre de la utilidad pública. En la formación del Tesoro puede ser saqueado el país, desconocida la propiedad privada y hollada la seguridad personal».

Igualmente Alberdi reconoció el derecho a la búsqueda de la felicidad cuando escribió: «El egoísmo bien entendido de los ciudadanos, sólo es un vicio para el egoísmo de los gobiernos que personifican a los Estados». Y este principio está reconocido en el artículo 19 de la Constitución Nacional. «Las sociedades que esperan su felicidad de la mano de los gobiernos, esperan una cosa que es contraria a la naturaleza». Y lamentablemente el artículo 14 bis implica una violación de los derechos individuales que reconoce la Constitución. El Derecho a la huelga general es una violación de los derechos individuales.

El principal problema que enfrenta Macri, y que heredara del gobierno de los Kirchner, es el nivel del gasto público. Lamentablemente Macrí en el 2016 lo aumentó, y mi estimación es que en el 2017 el gasto alcanzaba al 52% del PBI. Dado que no se permite la revaluación de los activos, la tasa del impuesto a las ganancias crece en función de la inflación. O sea se paga impuesto por ganancias que no se tienen. El nivel de los impuestos y «Laffer Curve». «Cuando se reducen los niveles de impuesto aumenta la recaudación». El presupuesto nacional del 2018 prevé un incremento en el gasto del 19%. Hasta ahora que se sepa toda la política ignora el impacto inflacionario del gasto, de acuerdo con Sturzenegger la inflación es un problema monetario, y pretende creer que la baja en la inflación determina el crecimiento económico lo cual es un error. Europa no tiene inflación y no crece.

El otro problema pendiente es la sobrevaluación del peso que estimo en un 28%. Igualmente una vez más la Argentina se encuentra en la entraña del supuesto de que el control del tipo de cambio impide la inflación. Criterio que implica un error de causalidad, que se cometió una y otra vez en Argentina. Recordemos el uno a uno. En función de ese criterio el déficit comercial el año pasado alcanzó a más de u$s8.000 millones y ya en los dos primeros meses del año supera los u$s1200 millones. Al respecto en *Foreign Affairs* Andrew Moravcsik escribió: «El Futuro Feo De Europa» Y allí se refirió al

Euro y reconoció que una moneda en común no se puede tener entre países que tienen políticas monetarias y fiscales diferentes. Y es más, se refirió a la Argentina y dijo: «Y en 1991 Argentina confiaba controlar la inflación vinculando el peso al dollar lo que produjo una crisis económica severa, de la cual no se ha librado todavía».

En fin vivimos en un mundo complejo en el cual hoy la China es más capitalista que Europa y por ello crece a más del 6% por año, por más que no tiene un gobierno democrático. Y en Estados Unidos está Trump que aparentemente no ha leído a los *Founding Fathers* y existen probabilidades de su *impeachment*. Desde mi punto de vista Trump está violando la Constitución americana, por su enfrentamiento con la Corte, con la prensa y por la prohibición de que los americanos inviertan en otros países. Rompió el pacto *Transpacific* y esta enfrentado con Canadá y México. En *Foreign Affairs* Jake Sullivan escribió: «No hay duda de que Trump representa una significativa amenaza a la salud de ambos, la democracia en América y el sistema internacional. Y hay no un insignificante riesgo de que él pueda arrastrar al país en una crisis constitucional, o al mundo en una abrumadora guerra comercial». Y desde el punto de vista del comercio internacional desconoce a Hume: «Yo me atrevo a decir que el incremento de la riqueza y del comercio en cualquier nación en lugar de perjudicar a sus vecinos promueve la riqueza y el comercio de éstos, y un estado escasamente puede llevar su comercio y su industria muy lejos cuando todos los estados que los rodean están sumidos en la ignorancia, la pobreza y la barbarie». Y vino Macron un aparente francés y ahora llegó Merkel. Aparentemente Trump ha abandonado la función de los Estados Unidos a partir de la Segunda Guerra mundial de organizar el respeto y el acuerdo internacional. La globalización.

Pero también creo que no debemos olvidar que hoy la guerra ha dejado de ser el objetivo de los Estados. Como dijera Alberdi hace más de 150 años: «Las guerras serán más raras en la medida que la responsabilidad por sus efectos se haga sentir entre los que las incitan y las declaran». Esto fue lo que ocurrió con la invención de las armas nucleares que como dijo Juan Pablo II «no son bélicas son disuasorias». Por ello la guerra fría permaneció fría y hoy podemos ver que Corea des Norte ha pactado con Corea del Sur, y Kim Jong-un parece dispuesto a pactar la desnuclearización de Corea del Norte

En la Argentina se ignora a Alberdi y aquí vamos con la problemática explicada. Esperemos que el gobierno se entere de cuál es la política a seguir para lograr el proyecto de Macri, para el cual ha tomado medidas correctas que han cambiado favorablemente la visión de Argentina en el mundo. Ahí tenemos la visita de Rajoy, el acuerdo con Estados Unidos y la pretensión del acuerdo Europa Mercosur. Seamos optimistas.

Por último me voy a referir muy sintéticamente a un problema pendiente en América Latina. En tanto que el mundo así como el resto de los países de América Latina está pendiente de la crisis política y económica en Venezuela, Obama pacta con Raúl Castro. Se ignoran entonces los crímenes de los Castro y la falta de libertad en Cuba. Asimismo se ignora que no fue el embargo americano –que la izquierda falsamente denomina bloqueo– el causante de la pobreza en Cuba, sino el sistema comunista, que ha probado en todos los medios el desastre económico que significa y por supuesto el totalitarismo que entraña. Esperemos que se corrija la situación en Venezuela y se reconozca igualmente que la misma incluye la colaboración ideológica y militar de Cuba.

X- Crisis del Estado de Malestar

Ya se puso de manifiesto una vez más el enfrentamiento entre Francia y Alemania. Supuestamente sigue la discusión entre crecimiento y austeridad como medio para superar la crisis, que como antes escribiera, se ignoran o se pretende las causas que la determinan. Pero ahora esta discusión se presenta políticamente pues como era de esperarse Hollande, el retorno de la izquierda a Francia o mejor dicho la permanencia de la izquierda, no puede menos que mantener su posición política y sustentar el Estado de Bienestar. En Francia quiere decir mantener un nivel de gasto que alcanza al 56% del PBI. Por supuesto todo parecería indicar que para aquellos que como la Sra. Lagarde están a favor del crecimiento, ello significaría el aumento del gasto público. Como era de esperarse la Sra. Merkel está a favor de la denominada austeridad, y esa posición, la ha colocado como la representante del peligro alemán en el siglo XXI.

Pero entonces vayamos a los hechos. La deuda pública francesa alcanza al 85% del PBI y al respecto recordemos las palabras de Adam Smith: «Cuando la deuda nacional, una vez que ha sido acumulada hasta cierto grado, hay una escasa, yo diría una simple instancia en que ellas hayan sido pagadas equitativa y completamente ... si bien frecuentemente mediante un pago aparente». Ese pago aparente se hacía, y se ha seguido haciendo, mediante la inflación. Es decir un pago de la deuda muy inferior en términos reales, pero que evita la quiebra del sistema financiero. Esa posición fue adoptada por Milton Friedman respecto a la crisis del treinta. En su obra *Libre Para Elegir* culpó a la Federal Reserve de Washington de la profundidad de la crisis por haberse negado a actuar como prestamista de última instancia. Y por tanto estableció que: «Una forma de evitar el pánico era capacitar a los bancos sanos a convertir sus activos rápidamente en efectivo, mediante la impresión de dinero de emergencia»

Entonces creo procedente recordar el análisis de la naturaleza de los depósitos bancarios hecho por Friedman en la obra citada. Así dijo para explicar porque una corrida puede causar un problema a un banco responsable y solvente: «Una de las palabras que más tienden a la confusión en el idioma inglés». (En castellano también).

«Es la palabra "depósito" cuando se usa para referirse a una demanda o reclamo frente a un banco». Así Friedman explica lo que por supuesto deberíamos saber, que el dinero no está en el banco, sino que ha sido prestado a terceros. Por ello debemos tener en cuenta que en el caso europeo los datos parecen indicar que una gran parte de esos depósitos han sido prestados a los respectivos gobiernos. Y son precisamente los gobiernos europeos los que evidentemente no pueden pagar la deuda, pues todos tienen déficits fiscales.

Como he dicho en anteriores oportunidades, cuando el gasto público ronda el 50% del PBI se requiere una modificación de la teoría económica y monetaria, ante la evidencia del impacto del mismo sobre el comportamiento de los mercados. Al respecto vale recordar el pensamiento de Hyman Minsky, quien tal como lo señala Charles Kindleberger ya había enfatizado la fragilidad de los sistemas monetarios, y así dijo: «Los eventos generadores de una crisis comienzan con un "displacement" (desplazamiento) que constituye un shock exógeno al sistema macroeconómico. Y la naturaleza de ese "displacement" varía de un boom especulativo a otro». Mi criterio es que en la actualidad el *displacement* lo constituye el creciente nivel del gasto público y la arbitrariedad del mismo, que altera el comportamiento de los mercados y a su vez determina una menor competitividad del sistema.

Ya debiéramos estar convencidos de que la burbuja en Estados Unidos fue la consecuencia del impacto especulativo generado por la ley *Community Reinvestment Act*, que fuera promulgada por el presidente Carter. La misma proveía que todo americano tenía el derecho a una casa propia. Por tanto dio lugar a dos instituciones *Fannie May* y *Freddy Mac* a las que se le exigía que 30% de sus créditos se le otorgasen a quienes tuviesen un ingreso inferior a la media de la zona. Por tanto comenzaron a subir los precios de las propiedades y se desarrolló la burbuja en el mercado inmobiliario.

El caso europeo no fue la ruptura de los principios del sistema, si no la consecuencia del sistema, que como dijera *The Economist* el que lo quiere cambiar pierde las elecciones. Así surge el otro aspecto insostenible de la zona europea que es el Euro. Todo el mundo parece estar de acuerdo en que no puede haber una moneda común entre países que tienen políticas fiscales, monetarias y laborales diferentes. No obstante hasta la fecha nadie se ha pronunciado respecto a la necesidad de la mayoría de los países de la zona de salir del Euro. Más recientemente las últimas encuestas muestran una caída en el apoyo de los europeos a la UE y a sus políticas. Peor aun es la situación respecto al apoyo a la integración económica, y por supuesto sin integración económica es imposible la moneda común.

Es evidente que para la mayor parte de los países de la zona, con Francia, España e Italia incluidas, el euro es una moneda sobrevaluada, y consecuentemente sufren crecientes déficits comerciales. En el año 2012 Alemania tuvo un superávit comercial de u$s 221,2 mil millones en tanto que la zona sólo obtuvo un superávit de u$s 12,4 mil millones. Ergo prácticamente el resto de la zona registró un déficit comercial. La única forma de superar esa situación, como lo hemos aprendido en Argentina, es devaluando, y para ello es necesario que los distintos países regresen a sus monedas originales. Por supuesto la devaluación genera inflación, la cual es necesario financiar con creación de dinero, tal como propuso Friedman. Pero esa inflación permitirá asimismo resolver el anterior problema pendiente que es la deuda nacional de cada uno de los países de la zona, cuyo nivel es imposible de pagar en términos reales. Si así se intentase, quebraría el sistema bancario y consecuentemente se profundizaría la crisis.

Así puedo decir que en ese caso el impacto del denominado impuesto inflacionario quien lo paga es el gobierno, ante el hecho de la reducción del gasto público en términos reales. O sea que aparentemente se habría hecho austeridad expansiva. Y esa austeridad es un requisito indubitable para resolver la crisis del Estado de Malestar, sin que quiebre el sistema financiero. Al mismo tiempo se lograría en cada caso una situación más competitiva con sus respectivas monedas nacionales. Ya se que lo que he dicho habrá de parecer una herejía económica, pero me atrevo a proponerla ante la realidad evidente de la confusión prevaleciente.

XI- La crisis mundial y las EXPECTATIVAS RACIONALES

Finalmente la Sra. Merkel tomó conciencia de la necesidad de salvar a Grecia y consecuentemente al Euro. Para ello el Bundestag finalmente decidió de ampliar el monto del Fondo Temporal de Rescate a 440.000 millones de Euros y la participación de Alemania en el mismo a 211.000 millones de Euros. En esa problemática decisión, donde encontró oposición en su propio partido, estimo que se tuvo en cuenta que en las actuales circunstancias el primer paso para tratar de resolver la crisis pasa por la política monetaria. Ello no implica desconocer el hecho de que la solución final de la crisis pasa por la reducción del gasto público que en la Unión europea ronda el 50% del PBI.

En ese sentido quiero rescatar una sabia observación que considero trascendente ante la realidad que se vive en la actualidad. Fue Thomas Joplin quien dijera: «Hay tiempos en que las reglas y los precedentes no pueden violarse, y otros en los que no se pueden cumplir con seguridad» No me cabe la menor duda de que en los tiempos que vivimos frente a la crisis europea y americana nos encontramos ante el realismo de la segunda de las anteriores alternativas. En cualquiera otro tiempo la expansión monetaria se consideraba la causante del mal de la inflación y peor aun de la hiperinflación. Esa fue la teoría monetarista expuesta por Friedman desde la Universidad de Chicago. Pero debo señalar que aun el propio Friedman se desdijo de ese presupuesto y aceptó que el problema era el nivel del gasto y no la monetización del déficit.

En un momento de recesión como el que vivimos y ante deudas soberanas impagables en razón del elevado nivel del gasto público me atrevería a decir que la teoría monetarista se cae por su propia base. Por consiguiente el role de los bancos centrales como prestamistas de última instancia es fundamental. Así puedo recordar las palabras de

Charles Kindleberger refiriéndose a la crisis del '29 cuando dijera: «Yo llegué a la conclusión de que la depresión del '29 fue tan amplia, tan profunda y tan prolongada porque no hubo un prestamista de última instancia internacional». En ese mismo sentido se pronunció Friedman respecto a la crisis del '29 cuando culpara al Federal Reserve de Washington por no haber aceptado la propuesta del Federal de New York de actuar como prestamista de última instancia. La consecuencia fue la quiebra de 10.000 bancos y la profundización de la depresión.

Los anteriores presupuestos parecerían heréticos ante la aparente crítica, diría universal, a la creación de los bancos centrales. En ese sentido vale recordar las palabras de Herbert Spencer cuando dijo: «El resultado final de proteger al hombre de los efectos de sus disparates y errores, es poblar al mundo de tontos». No puedo menos que coincidir con esta atinada observación, pero la aplicación de la misma implica la necesidad de determinar quiénes fueron los que cometieron los errores. En otras palabras cuáles fueron los errores, y quiénes los cometieron, que causaron la crisis europea y la americana. Y por supuesto los causantes de la actual crisis fueron las decisiones políticas erradas, y los damnificados fueron los sectores privados y en particular los bancos.

No quiero entrar en estos momentos en disquisiciones filosóficas al respecto de la racionalidad de los mercados. Todo comportamiento de los mercados por más racionales que puedan ser se encuentran condicionados por las percepciones apriorísticas del futuro. Y diría que el futuro es siempre incierto. Pero voy a seguir en este aspecto el análisis de Hyman Minsky. Al respecto especificó que las crisis comienzan por lo que denomina «displacement». O sea un shock exógeno al sistema económico. Así sostiene que el denominado «displacement» puede ser el final de una guerra, una gran cosecha o una reducción de la misma... algún gran evento político o un éxito financiero sorpresivo. Bien aquí me detengo y sostengo que en Europa el «displacement» fue la creación del sistema de bienestar, y en Estados Unidos la burbuja en el mercado inmobiliario, fruto de las hipotecas «basura» surgidas del *Community Reinvestment Act*.

Podemos concluir entonces que en Europa son los propios gobiernos los que no pueden pagar la enorme deuda soberana y los bancos son sus acreedores. En Estados Unidos la especulación pura a la que adhirieron los bancos en el mercado inmobiliario, en el cual se compraban inmuebles no para usarlos sino para revenderlos. En ambos casos no estoy buscando culpables sino causas, pues sólo así se pueden encontrar las soluciones. Y como bien señalara Minsky los sistemas financieros son proclives a la especulación, y en esta oportunidad los respectivos «displacements» a los que me he referido fueron los determinantes de la especulación.

En el presente caso tal como he dicho, el primer paso para superar ambas crisis pasa por la política monetaria. De ninguna manera pretendo que esa fuera la solución definitiva sino tan sólo el paso previo a la eliminación de las causales que determinaran la crisis. Esa posición ha sido adoptada igualmente por el actual presidente del FED, Ben Bernanke. Como era de esperar esa política ha sido criticada desde la derecha como posible causante de inflación. En una presentación reciente Bernanke defendió esa política y destacó que en Estados Unidos lejos de haber inflación es posible la deflación. Y yo añado que el FED sólo esta sustituyendo la creación de moneda surgida del multiplicador bancario y que hoy ha desaparecido como consecuencia de la caída en los créditos.

Los bancos europeos por su parte enfrentan la crisis de las deudas soberanas, y no sólo la de Grecia. Por tanto la decisión de la Sra. Merkel es la adecuada para el caso, y por supuesto la defensa del Euro es de la mayor importancia para Alemania, pues más de la mitad de su superávit comercial se deriva del comercio con la Unión europea. También se ha propuesto que los bancos europeos asuman el 50% de las pérdidas por las deudas soberanas. Esta decisión es sólo posible si ella no significa la quiebra de los mismos. Si así no fuera, nos encontraríamos en la situación de Estados Unidos en la crisis del '29.

No podemos olvidar igualmente que la causa de la crisis europea ha sido el elevado nivel del gasto público, cuya consecuencia ha sido la reducción del crecimiento económico y el aumento impagable de la deuda soberana. Pero resulta que la imprescindible política de austeridad es hoy denigrada por los llamados indignados, que pretenden seguir viviendo sin trabajar. Y aun ciertos economistas tales como el Sr. Krugman proponen el mantenimiento de una política keynesiana, ignorando que cuando Keynes la propuso en gasto público en Estados Unidos fluctuaba alrededor del 8% del PBI. Y aceptando el *díctum* de David Hume de que la naturaleza humana es inmodificable, también tenemos indignados en Estados Unidos. O sea aquellos que pretenden que se aplique el sistema que produjo la crisis en Europa y al que pareciera adherir el presidente de Estados Unidos.

Pues bien el mundo desarrollado se encuentra ante una encrucijada ideológica de connotaciones políticas, determinantes del futuro de la economía. En ese sentido valga remarcar que no debemos tomar el comportamiento de los mercados de capitales como termómetro de la realidad actual, y menos aun del futuro de la misma. Esta aseveración no implica descartar la teoría de las expectativas racionales ni la racionalidad de los mercados. Es solamente tomar conciencia de que el futuro es siempre incierto, y depende de la sabiduría de las medidas que se tomen para corregir las causales de la crisis. En ese sentido permítanme citar nuevamente a David Hume: «La estabilidad de la sociedad depende de la seguridad en la posesión, la transferencia por consenso, y el cumplimiento de las promesas». Es decir los fundamentos contrarios a los que parecen prevalecer en el actual ámbito ideológico y que fueran determinantes de la crisis. En ese sentido me permitiría dos recomendaciones. La primera que Moody se quede mudo. Y la segunda que los actores lean *Manías, Pánicos y Crisis* de Charles Kindleberger. Recordemos a Séneca: «Para el que no sabe donde va no hay viento favorable».

XII- Thucydides vs. Alberdi

No tengo la menor duda de que el mundo en que vivimos habría sido incomprensible por siglos en la historia. En Atenas entre 430 y 400 años antes de Cristo, Thucydides estableció una regla general respecto a las guerras. Con ella pretendía explicar las guerras del Peloponeso entre Esparta y Atenas. Al respecto me voy a atrever a decir que esos principios a los cuales me voy a referir habrían sido válidos hasta el siglo XX.

Tal como lo describe Graham Allison en un reciente artículo de *Foreign Affairs*: «Los poderes crecientes comprensiblemente sienten un creciente sentido de derechos y demandan mayor influencia y respeto. Los poderes establecidos, enfrentando a poderes desafiantes tienden a convertirse en temerosos, inseguros, y defensivos». En ese sentido se percibe el pensamiento de Thucydides que pretende explicar la razón de la Guerra del Peloponeso.

Ahora voy a dar un salto cósmico en la historia: en pleno siglo XIX Alberdi escribió *El Crimen de la Guerra* donde adelantándose al futuro dijo: «Indudablemente las guerras serán más raras a medida que la responsabilidad de sus efectos se hagan sentir en todos los que las promueven y las suscitan. Mientras haya unos que las hacen y otros que las hacen hacer, no se ve porque motivo pueden llegar a ser menos frecuentes las guerras».

Puedo decir que Thucydides describió un mundo que llegó hasta el siglo XX con las dos Guerras Mundiales. Alberdi predijo el mundo que surgiría en siglo XX a partir de la creación de las armas nucleares. Por siglos las guerras eran la razón de ser de los países en la historia. Al respecto Hegel dijo que la guerra era el momento ético de la sociedad. Y ya Kant había escrito: «El hombre quiere la concordia, pero la naturaleza, que sabe qué es mejor para la humanidad, quiere la discordia». Es decir la guerra, que Marx transformó en la guerra de clases.

Volviendo a Alberdi, indudablemente predijo la razón de por qué la guerra fría ha quedado fría, y hoy llegamos a la impensable discusión de que Trump negoció con Rusia en contra de Hillary Clinton. Batalla que sigue en ciernes. Y por supuesto igualmente previó el terrorismo como la guerra del siglo XXI, que está pendiente.

En virtud de esa realidad mi criterio es que Thucydides no aporta ninguna idea al respecto de las relaciones de China con Estados Unidos en la actualidad. La comparación entre ambos países a mi juicio entraña una paradoja, que según el Diccionario de la Lengua Española significa: «Especie extraña u opuesta a la común opinión». La China es un país que ha existido por miles de años, que contiene una raza única y tiene la mayor población en el mundo. Al respecto reconozco que se adelantó al Occidente europeo hasta el siglo XV.

Estados Unidos por el contrario constituyó la creación de un mundo nuevo. No existía; se creó, y en 1787 cuando logró la aprobación de la Constitución la población alcanzaba a solo 240.000 habitantes. Dicho sea de paso es un país de inmigrantes donde hoy la raza no tiene lugar, de conformidad con los principios liberales. Y la inmigración persiste en busca de la libertad que garantizan los principios de la Constitución, que no debemos confundir con la democracia mayoritaria. Como bien escribió Richard A. Epstein: «Los principios incluidos en la clásica Constitución liberal, no son aquellos que operan solamente en esta o aquella era. Son principios para las eras».

Como ya he repetido, tal como lo describe William Bernstein en su *The Birth of Plenty*, el mundo hasta hace doscientos años vivía como vivía Jesucristo. Por tanto es indudable que la evolución del mundo comenzó en Inglaterra con la *Glorious Revolution* que fue llevada a sus últimas consecuencias en Estados Unidos a partir de la Constitución de 1787 a la cual me he referido. Así comenzó la libertad basada en el reconocimiento de la naturaleza humana y el respeto por los derechos individuales a la vida, la propiedad y a la búsqueda de la felicidad. Y en esos principios se basó la concepción de la «mano invisible» tal como la describiera Adam Smith.

La China durante el gobierno de Mao Tse Tung era unos de los países más pobres del mundo, y hoy muestra un crecimiento sostenido del 6,5% anual. Ese cambio se produjo con el advenimiento de Deng Xiaoping, y no creo que en la China bajo el gobierno del partido comunista reine el *Rule of Law*. Pero es indudable que desde el poder absoluto reina hoy la «mano invisible», y por ello el 40% de la inversión extranjera mundial va a la China.

El gobierno chino no tiene ningún interés en una guerra con Estados Unidos, y Marx habría desaparecido bajo la máxima de Confucio: «Tratar a los demás como queremos ser tratados». No es el caso de Europa, que está bajo Marx, Bernstein mediante, quien predijo que al socialismo se puede llegar democráticamente. Por ello hace diez años que no crece. Diría que Xi Jinping ha aceptado a Hume internamente: «La estabilidad de la sociedad depende de la seguridad en la propiedad, la transferencia por consenso y el cumplimiento de las promesas». Y en el orden externo: "La riqueza de tus vecinos no te perjudica sino que te beneficia".

Estos principios indudablemente aceptados por los *Founding Fathers* en Estados Unidos aparecieron repentinamente desafiados por Trump cuando propuso impedir a las empresas americanas invertir en otros países, lo que constituye una violación del derecho de propiedad. Y seguidamente propuso cerrar el comercio internacional. Indudablemente en su viaje por Asia estos presupuestos parecen desaparecidos de su mente. En su entrevista con Xi Jinping quedó claro el acuerdo con la China, que a su vez satisface la situación del superávit de la China en el comercio con Estados Unidos.

Podemos concluir que no nos encontramos ante un enfrentamiento de civilizaciones, como describió Samuel Huntington. Como dijo François Revel: «Culturas hay muchas, civilización una sola. Cuando se respetan los derechos». No obstante las diferencias, si en China no se respetasen los derechos de propiedad no estaría creciendo a los niveles actuales. Y es en Occidente donde no se están respetando mediante el incremento inusitado del gasto público, que entraña en si la violación de los derechos de propiedad. Alberdi está presente también al respecto: «Hasta aquí el peor enemigo de la riqueza del país, es la riqueza del fisco». Y finalmente Trump destacó la cooperación con China, en su encuentro con Xi Jinping.

II Libertad

I-La confusión liberal

Cada día me convenzo más de la confusión prevaleciente respecto al liberalismo y su consecuencia que es la falacia de la igualdad. De ella surge la democracia determinante del éxito político del socialismo y su evidente fracaso económico. Hablar de «Democracia Liberal» constituye la primera confusión al respecto. La democracia, tal como lo describió Aristóteles hace 2500 años, constituye la destrucción de la república. O sea implica la violación de los derechos individuales.

Las ideas que cambiaron al mundo no son de ayer y como dice Richard Epstein, «Los principios incorporados en la Constitución Liberal clásica no son aquellos que operan sólo en ésta o aquella era. Son principios para todas las eras». Ese principio me parece fundamental, y su ignorancia determina la crisis que vive hoy el a mi juicio mal llamado mundo occidental.

Esos principios se impusieron por primera vez en la historia en la *Glorious Revolution* de 1688 basada en las ideas de John Locke: 1) la limitación de las prerrogativas del rey: los monarcas también son hombres. 2) El respeto por la propiedad privada. Y 3) El derecho a la búsqueda de la propia felicidad. Y éste lo consideraba el principio fundamental de la libertad. En función de ellos se alcanzó la llamada Revolución Industrial.

Esa evolución llegó a Inglaterra no en virtud ni de la cultura ni de la naturaleza anglosajona. Al respecto David Hume escribió: «Los ingleses en aquella era estaban tan sometidos que como los esclavos del Este estaban inclinados a admirar aquellos actos de violencia y tiranía que eran ejercidos sobre sí mismos y a sus propias expensas».

Aquellos principios fueron llevados a sus últimas consecuencias por los *Founding Fathers* en Estados Unidos a partir de la Constitución de 1787. Lamentablemente estos principios liberales han sido denominados en Estados Unidos como «conservadorismo».

Denominación que le ha dado una ventaja política a la izquierda en nombre de la falacia de igualdad, pues como también advirtiera Aristóteles: «Tengan cuidado que los pobres siempre van a ser más que los ricos». Y como bien reconociera William Bernstein en su *The Birth of Plenty* el mundo hasta hace unos doscientos años vivía como vivía Jesucristo.

Al respecto de esta confusión pendiente podemos ver artículos recientes de *Foreign Affairs*. En el primero Gideon Rose escribió *Los Estados Unidos y el Orden Liberal*. En el mismo se refiere a la función de Estados Unidos en el orden liberal del mundo, cuando la realidad es que no ha existido un orden liberal en el mundo, pues Europa lo ha ignorado por siglos y hasta la fecha. Como bien reconoce Ayn Rand: «La filosofía americana de los derechos del hombre nunca fue reconocida completamente por los intelectuales europeos». Y la prueba de la inexistencia del orden liberal en el mundo es la crisis europea, que se debe a la inclusión de la demagogia a través del socialismo, y su consecuencia el aumento del gasto público.

Otro aspecto ignorado por Rose es el que se refiere a lo que considera la crisis de lo que llama el orden liberal. Al respecto considera que la causa es el déficit fiscal, e ignora que como bien reconociera Milton Friedman: «Lo que importa no es el déficit sino el nivel del gasto, que es el costo que paga la sociedad con impuestos, con inflación y con deuda».

En otro artículo de *Foreign Affairs Cómo Termina el Orden en el Mundo*, Richard Haass nuevamente insiste en el enfrentamiento entre China y Estados Unidos. En el mismo se refiere a la Guerra del Peloponeso –Grecia y Esparta– como la consecuencia de la aparición de otro gran país. Es decir que en su análisis está tomando en cuenta el pensamiento al respecto de Thucydides respecto a la Guerra del Peloponeso. En ese análisis ignora que en la actualidad el mundo enfrenta la situación prevista por Alberdi: «Las guerras serán más raras cuando la responsabilidad por su efectos se hagan sentir entre los que las incitan y provocan». La realidad de esa observación se produjo con la aparición de las armas nucleares, que como bien dijera el Papa Juan Pablo II: «Las armas nucleares no son bélicas, son disuasorias». Y a esa realidad debemos que la guerra fría quedara fría.

Siguiendo con esa línea de pensamiento respecto a la relación entre China y Estados Unidos Oriana Skyler Mastro descree de la declaración de Wang Yi: «China no repetirá la vieja práctica de un país fuerte buscando la hegemonía». Y al respecto Oriana insiste en que no obstante esa declaración la China en la región Indo-Pacífico quiere el dominio completo. O sea que no cree en la declaración de Trump en su reciente discurso respecto a su acuerdo comercial con Xi Jinping.

Y por último Elizabeth Warren escribió: *Strengthening Democracy at Home and Abroad*. Allí dijo: «en el mundo la democracia está bajo asalto». En ese juicio ignora que quien creó la libertad y la creación de riqueza por primera vez en la historia, los Estados Unidos, los *Founding Fathers* aborrecían la democracia, y al respecto Thomas Jefferson escribió: «Un despotismo electivo no es el gobierno por el que luchamos». En virtud de ese criterio se creó la llamada *Judicial Review*, mediante la cual el poder Judicial determinaba qué es la ley.

El verdadero problema que enfrenta el mundo occidental es fundamentalmente interno, y se debe a la democracia. El populismo llamado de izquierda y de derecha —socialismo y nacionalismo— se alcanza democráticamente, y a ello se debe la crisis europea a la que me he referido.

Y respecto a la China el supuesto gobierno comunista no es comunista, si así fuera no estaría creciendo a las tasas que lo ha hecho y continúa haciendo.

A mi juicio en China ha desaparecido Marx y retornado Confucio.

II- El liberalismo en el mundo

Estoy feliz de ver que *The Economist* está revalorando los principios liberales que determinaron el mundo en que vivimos y al comienzo escribió: «El liberalismo creó el mundo moderno y el mundo moderno se está poniendo en contra de él». Esta frase es una verdadera descripción de lo que pasó en la historia y lo que está ocurriendo en la actualidad. En primer lugar es el reconocimiento que las ideas liberales fueron la base de la creación de riqueza por primera vez en la historia, solamente desde hace solo unos doscientos años. Y también es un reconocimiento de que la izquierda ha monopolizado la ética en el mundo occidental, basada en la falacia de la búsqueda de la igualdad. Ésa es la función del socialismo que prevalece en la Unión Europea. Y volviendo a los principios liberales tengamos en cuenta lo escrito en CATO por Richard Epstain: «Los principios incluidos en la clásica constitución liberal no son los que operan en esta o aquella era. Son principios para la era».

En su exposición *The Economist* también está clarificando la confusión prevaleciente en Estados Unidos respecto al liberalismo. Allí los americanos a los socialistas los llaman «liberals» y a los liberales «conservadores». Permítanme recordar que el liberalismo comenzó en Inglaterra con las ideas de John Locke. Así comenzó reconociendo que los monarcas también eran hombres y por tanto había que controlar el poder político, que en el caso de Inglaterra era reduciendo las prerrogativas del rey.

Siguiendo ese importante principio se reconoció la necesidad de respetar el derecho de propiedad pues la riqueza la creaba el hombre y no la tierra. También se reconoció por primera vez en la historia el derecho a la búsqueda de la propia felicidad, que consideró el principio fundamental de la libertad. En la *Carta sobre la Tolerancia* escribió: «Yo pienso que nadie puede ir al cielo con una religión en la que no cree».

No hay ninguna duda de que el otro pensador que reconoció las ideas que cambiaron al mundo fue David Hume, quien comenzó reconociendo la naturaleza humana y dijo: «Es imposible el cambiar o corregir algo material en nuestra naturaleza. Lo más que podemos hacer es cambiar nuestra circunstancia y situación». Es decir el sistema político es el que determina los comportamientos. Respecto a la propiedad privada estableció el siguiente principio: «Sería una una mayor crueldad el desposeer al hombre de algo que no dárselo». Y en ese respecto llegó a una importante conclusión: «Nosotros vamos ahora corriendo sobre tres leyes fundamentales de la naturaleza. La estabilidad de la posesión, la transferencia por consenso y el cumplimiento de las promesas».

Y llegó Adam Smith que trajo la idea de lo que llamó la «mano invisible» y escribió: «Persiguiendo su propio interés él frecuentemente promueve el de la sociedad más efectivamente que cuando él realmente pretende promoverlo». Ése ha sido un principio básico de la creación de riqueza en el mundo. Y obviamente es una explicitación fáctica del derecho a la búsqueda de la felicidad. La historia ha demostrado que cuando el gobierno pretende distribuir la riqueza genera más pobreza. Lo cual ha sido demostrado en la práctica por el comunismo y el socialismo que, como dice Ayn Rand, es la diferencia entre el crimen y el suicidio. Ya Aristóteles hace 2.500 años había dicho que la degradación de la democracia mediante la demagogia era la destrucción de la república. Y otro principio al que se refirió Adam Smith y que ha sido principal en la historia es lo que lo que dijo respecto a la Justicia: «Cuando el poder judicial está unido al poder ejecutivo es escasamente posible que la justicia no deba ser frecuentemente sacrificada a lo que vulgarmente se llama política».

Todos esos principios fueron llevados a sus últimas consecuencias por los *Founding Fathers* en Estados Unidos, y al hacerlo bajo el principio de la libertad en 100 años se convirtió en la primera economía del mundo. Porque como dijo Jean François Revel: Las tierras producen menos por su fertilidad que por la libertad de sus ciudadanos».

Fue principalmente James Madison quien reconoció esos principios y en la carta 51 de *The Federalist Papers* escribió. «¿Pero que es el gobierno mismo sino la mayor reflexión sobre la naturaleza humana? Si los hombres fueran ángeles, no seria necesario el gobierno. Si los ángeles fueran a gobernar a los hombres no sería necesario ningún control interno ni externo al gobierno. Al organizar un gobierno que va a ser administrado por hombres sobre hombres, la mayor dificultad yace en esto: Ud. debe primero capacitar al gobierno a controlar a los gobernados; y en segundo lugar obligarlo a controlarse a si mismo. La dependencia en el pueblo es sin duda es el primer control al gobierno, pero la experiencia ha enseñado a la humanidad la necesidad de precauciones auxiliares».

En esa sentencia se encuentran reconocidos los principios mencionados. No obstante nunca mencionaron a los autores de los mismos. Yo diría que en primer lugar no mencionaron a David Hume pues era agnóstico y los americanos cristianos. Y en este ámbito encontramos nuevamente a Adam Smith cuando expuso que habría libertad religiosa cuando hubiese multiplicidad de sectas. Ése fue el caso de Estados Unidos, donde los protestantes representaban multiplicidad de sectas.

El otro principio fundamental reconocido por los *Founding Fathers* fue el respeto por los derechos individuales: Vida, libertad, propiedad y el derecho a la búsqueda de la propia felicidad. Al respecto Alexander Hamilton escribió: «Una peligrosa ambición subyace bajo la especiosa máscara del celo por los derechos del pueblo». Por tanto los derechos individuales no son lo mismo que la prevaleciente mística de los derechos humanos. Y en ese sentido Hamilton consideró que el celo por los derechos del pueblo ha sido el camino a la introducción del despotismo.

Volviendo a la necesidad de controlar el gobierno en Estados Unidos se estableció un principio fundamental del *Rule of Law* denominado *Judicial Review* (Revisión Judicial) Ese principio también fue reconocido por Hamilton quien escribió: «Una constitución es un hecho, y debe ser considerada la ley fundamental … Por tanto ninguna ley de la legislatura contraria a la constitución puede ser válida».

Esos principios fueron establecidos por el juez John Marshall en el caso Marbury vs. Madison, en el cual sentenció: «Todos aquellos que han estructurado una Constitución escrita la contemplan como la ley fundamental y principal de la nación y consecuentemente la teoría de todos esos gobiernos debe ser que una ley de la legislatura repugnante a la Constitución es nula. Es enfáticamente el ámbito y el deber del Poder Judicial el decir qué es la ley».

Yo me atrevo a decir que ese principio de la revisión judicial ha sido ignorado en el mundo. Y por ello Ayn Rand reconoció que la filosofía política angloamericana y la franco-alemana son tan diferentes como el día y la noche. Esa es la razón por la que considero que no hay ninguna duda de que la llamada civilización occidental y cristiana es una falacia de la historia. Al respecto Peter Drucker escribió: «Tan difusa y falaz como la creencia de que el Iluminismo generara la libertad en el siglo XIX, es la creencia de que la Revolución Americana se basó en los mismos principios que la Revolución Francesa y que fue efectivamente su precursora.

La Revolución Francesa fue el origen del totalitarismo como la racionalización del despotismo a través de la Diosa Razón inspirada por Rousseau y aplicada por Robespierre. Y volviendo a la filosofía política Franco- Germánica comencemos con Rousseau: «Así como la naturaleza da al hombre poder absoluto sobre las partes de su cuerpo, el pacto social da al cuerpo político poder absoluto sobre sus miembros». La Soberanía. Y siguió Kant: «De aquí surge la proposición de que el soberano del Estado tiene sólo derechos en relación a sus súbditos y no deberes coercibles. Aun la Constitución actual no puede contener ningún artículo que pueda hacer posible a algún poder dentro del estado resistir o chequear al expreso Ejecutivo en casos que viole la Constitución». Asimismo Kant descalifico éticamente la búsqueda de la felicidad pues era deshonesto porque se hacía por interés y no por deber. Según Kant todo lo que se hacía por interés era deshonesto, por tanto también descalificó el comercio, y valoró la guerra como el beneficio a la sociedad. Y le siguió Hegel: «El Estado es la Divina Idea tal como se manifiesta sobre la tierra … La guerra es el momento ético de la sociedad».

Hasta aquí creo que hemos podido ver la validez del juicio de Ayn Rand, y llegó el aporte de Karl Marx al totalitarismo a través de la dictadura del proletariado. Primero reconoció: «La burguesía durante su gobierno de escasamente cien años, ha creado más masivas y más colosales fuerzas productivas que todas las generaciones juntas que le precedieron». Pero seguidamente descalificó al sistema que denominó capitalismo por ser la explotación del hombre por el hombre.

Entonces llegó el comunismo y seguidamente el aporte de Eduard Bersntein, quien escribió *Las Precondiciones del Socialismo* donde dijo: «La democracia es ambos medio y fin. Es un arma en la lucha por el socialismo y la forma en que el socialismo se realiza». Y nuevamente Ayn Rand: «El comunismo y el socialismo es la diferencia entre el crimen y el suicidio».

Llegó entonces el socialismo democrático que prevalece en en la Unión Europea. De acuerdo con la preocupación de *The Economist* en un reciente artículo de *Foreign Affairs* Fareed Zakaria escribió: «El populismo está en marcha». Y hay lo que se denomina populismo de izquierda, el socialismo y populismo de derecha nacionalismo. Y no olvidemos que la expresión en última instancia del populismo se manifiesta en el nivel del gasto público.

Finalmente permítanme felicitar a *The Economist* por su percepción de la situación política presente en el mundo y su reconocimiento de que fueron las ideas liberales las que produjeron lo que se llamó el mundo moderno.

III- Liberalismo y Socialismo

«Tanto más fuertes son los vicios del sistema que la virtud de los que lo practican»

Alexis de Tocqueville

Aparentemente uno de los conceptos más confusos en el léxico político es el liberalismo.

Tanto así que en Estados Unidos, el eje quasi fundacional del sistema liberal, se les llama *liberales* a los socialistas. Y esta confusión es tanto más dramática por cuanto el sistema liberal y el socialista representan la antítesis política prevaleciente.

Otros de los aspectos que nos lleva a la confusión es el del «conservadorismo». En tanto que el liberalismo es un *sistema,* el conservadorismo es una *actitud valorativa frente a la vida*.

En otras palabras se puede ser liberal y conservador, y liberal y no conservador respecto a supuestos valores preestablecidos en la sociedad.

El conservadorismo implica asimismo la adhesión al *status quo*, y desde tal punto de vista se puede ser conservador y comunista nacionalista.

El pensar que un *liberal* debe aceptar el matrimonio homosexual, la libertad sexual o el aborto *per se*, es otra de las aberraciones de la semántica política.

El liberalismo es un sistema político que parte del reconocimiento de la naturaleza falible del hombre. Y esa falibilidad se encuentra tanto en el ámbito de la razón como en el de las creencias. Podría decir que la idea liberal comienza con John Locke y la publicación de sus *Tratados del Gobierno Civil*, y la importante *Carta de la Tolerancia*. Fue entonces que a partir de la idea primigenia de la falibilidad de la naturaleza humana que Locke desafió la noción del derecho divino de los reyes y reconociera que «los monarcas también son hombres». Por tanto estableció la necesidad de que se limitaran las prerrogativas del rey, a fin de proteger los derechos individuales a la vida, la libertad, la propiedad y el derecho a la búsqueda de la propia felicidad.

En función de esas ideas se produjo en Inglaterra la *Glorious Revolution* en 1688, cuando empezara la transformación política inglesa, que le permitiera adelantarse a Europa, y surgiera la denominada Revolución Industrial. Esta última fue la consecuencia de la revolución ético política mencionada. Más tarde en pleno siglo XVIII David Hume, en su *Historia de Inglaterra* (1754-1762) reconoció el atraso y la falta de libertad en Inglaterra hasta la llegada de la *Glorious Revolution*. Partiendo entonces de criterios empíricos llegó a conclusiones similares a las de Locke y desarrolló lo que considero el criterio fundamental del liberalismo establecido por Hume: «Dado que la naturaleza humana es inmodificable, si queremos cambiar los comportamientos tenemos que cambiar las circunstancias». Por esa razón igualmente sostenía la diferencia entre moral y justicia y escribió «si la naturaleza fuera pródiga y los hombres generosos la justicia no tendría razón de ser». Y consecuentemente: «La estabilidad de la sociedad dependía de la seguridad en la posesión la transferencia por consenso y el cumplimiento de las promesas».

En esa línea continuó el pensamiento escocés con la llegada de Adam Smith. Diría que el pensamiento fundamental del maestro de la *Teoría de los Sentimientos Morales* (1759) fue el desarrollo de la idea de la «mano invisible». Así dijo: «En la búsqueda de su propio provecho el individuo colabora con los demás. He visto muy poco bien hecho por aquellos que pretenden actuar por el bien público». En estas sabias palabras se reconocía una vez más el principio liminar del liberalismo y es que los intereses particulares no son contrarios al interés general.

Fue en ese sentido que Alberdi dijera: «El egoísmo bien entendido de los ciudadanos, es sólo un vicio para el egoísmo de los gobiernos que personifican los estados».

Fue esa línea de pensamiento la aceptada por los *Founding Fathers,* por más que probablemente dado el agnogticismo de David Hume jamás fue citado por ellos.

Tanto así que según tengo entendido Thomas Jefferson prohibió la enseñanza de *La Historia de Inglaterra* de David Hume en la Universidad de Filadelfia. Pero no podemos ver más que los principios del pensamiento de Hume en las declaraciones de James Madison en la Carta 51 de *El Federalista* donde escribió: «Pero que es el gobierno en si sino la mayor de todas las reflexiones sobre la naturaleza humana. Si los hombres fueran ángeles ningún gobierno sería necesario. Si los ángeles fueran a gobernar a los hombres ningún control interno o externo sería necesario. Pero al formar un gobierno que va a ser administrado por hombres sobre hombres la gran dificultad yace en esto: Primero se debe capacitar al gobierno para controlar a los gobernados; y en segundo lugar obligarlo a controlarse a si mismo».

Frente a este pensamiento, que diera por resultado la libertad individual y la creación de riqueza en la historia, se desarrolló el pensamiento continental europeo del cual surgiera el nacionalismo y el socialismo. Fue la filosofía política franco-germánica el origen de los sistemas totalitarios europeos, basados en lo que he denominado el oscurantismo de la razón (racionalismo) y la universalización racionalista de sentimientos particulares, que constituye el romanticismo político.

Puedo decir que el iniciador de esas ideas fue Jean Jacques Rousseau, quien en el *Ensayo sobre las Ciencias y las Artes* (1750) sostuvo que cuando estas avanzan decae la moral. Seguidamente siguió con el *Origen de las Desigualdades del Hombre* (1755) donde estableció que la causa era la propiedad privada: «La tierra no es de nadie y sus frutos son de todos». Y por último en el *Contrato Social* (1762) estableció la necesidad de la creación de un hombre nuevo y así como la justificación del poder político absoluto en el ámbito de la razón como consecuencia de la voluntad general. Así determinó el bien común como un objetivo tan obvio que nadie podía dejar de reconocer y que no era necesaria la distribución del poder político pues a partir de lo que considero la antropormorfización del Estado, y por tanto no podía tener ningún interés en perjudicar a sus miembros.

Casi contemporáneo con David Hume, Immanuel Kant, consideró a Rousseau el Newton de las ciencias morales. En su *Fundamentación de la Metafísica de las Costumbres* (1797) estableció el primer imperativo categórico, que constituyó el principio de la moral racionalista, que el denominara la autonomía de la razón frente a lo que consideraba la heteronomia de la razón, que fuera la moral basada en los mandatos divinos. En función de ese pensamiento determinó que la búsqueda de la propia felicidad era contraria a la moral, pues esta sólo surgía cuando se actuaba por deber y no por placer o por interés. Y en el plano de la política encontró la razón en la historia y el antagonismo como el principio a través del cual se proyectaba la razón en la historia.

Siguiendo pues las doctrinas de Rousseau sobre el bien común estableció que el poder supremo sólo tenía derechos y no obligaciones frente a los súbditos, y por tanto no podía existir ningún poder que limitara al poder supremo ni aun en los casos en que este violase la constitución. Por último pero no menos importante descalificó el comercio, por ser una actividad que se llevaba a cabo por interés y no por deber. Por tanto igualmente descalificó al pueblo judío cuando escribiera: «Los palestinos que viven entre nosotros deben su no inmerecida reputación por hacer fraude (Al menos la mayoría de ellos) a su espíritu de usura, que los ha poseído desde su exilio. Ciertamente parece extraño concebir una nación de tramposos, pero es tan extraño como concebir una nación de comerciantes».

Siguiendo los pasos del filósofo de Kant, llegó Hegel a la palestra con su historicismo a través de la dialéctica por la cual la razón en la historia estaba asimismo imbuida de la voluntad de Dios. O sea lo que he llamado el logoleísmo. Así surge el Estado como «la divina idea tal como se manifiesta sobre la tierra» y por tanto el individuo no tiene más razón de ser que su pertenencia al Estado.

O sea llegamos al realismo de los universales donde el individuo como tal deja de tener entidad propia pues solo es parte.

Hegel entonces describe la dialéctica no ya como forma de acceso al conocimiento, sino como la dinámica a través de la cual avanza la razón en la historia. Así la misma se desarrolla a través de la lucha entre los Estados y la guerra era la virtud por antonomasia frente a la concupiscencia de las corporaciones.

Por tanto, dado que la razón estaba en la historia esta había avanzado de las naciones orientales, donde nadie era libre, a las democracias griegas donde algunos eran libres, al imperio germánico donde todos eran libres. Y por supuesto la burocracia representaba al interés general contra los intereses particulares y por tanto, siguiendo igualmente a Kant, determinó que el monarca no puede tener ningún límite a su poder pues el representa la voluntad general.

Es en el camino de la dialéctica que aparece Marx en la escena, pues discute a Hegel desde su propia filosofía y siguiendo los pasos de Rousseau, de la razón en la historia pasa al romanticismo utópico político. Así la dialéctica de la historia se manifiesta en la lucha de clases, en la cual el socialismo es la síntesis y el final de la historia pues se habría alcanzado la eliminación de los antagonismos, y la libertad como consecuencia de haberse superado la escasez. El *Estado* sería sustituido por la *dictadura del proletariado* para eliminar la propiedad privada, y finalmente el estado desaparecería con el fin de los antagonismos. Así los universales se constituirían en el pueblo y la sociedad ,y superada la escasez, pues se habría eliminado la división del trabajo, el comunismo sería la última expresión del romanticismo político.

No obstante Marx, en 1848 en el *Manifiesto Comunista*, reconoce que la burguesía en sólo cien años había creado más riquezas y más fuerzas productivas que todas las generaciones precedentes. Pero no obstante este hecho era producto de la explotación del hombre por el hombre, medio por el cual se descalificó éticamente al sistema que llamara sistema capitalista.

Visto lo que antecede no podemos dejar de recordar que existen dos sistemas políticos basados en conceptos biológicos, éticos y políticos antitéticos.

Por ello cuando se habla de la libertad, es necesario que se reconozca su primera instancia como consecuencia del sistema. Si éste es sustituido la libertad desaparece junto con el sistema.

Por tanto permítanme una conclusión. Una democracia en la que existe un *partido liberal* y otro *partido socialista* es una contradicción en términos. Pues la libertad que surge del sistema liberal por definición desaparece cuando se establece el sistema socialista, donde los derechos individuales son sustituidos por los derechos del pueblo.

Y cuando los derechos son del pueblo, la realidad es el poder político absoluto del Estado para violar los derechos individuales. Y los derechos individuales no son los derechos humanos, que impregnados de los derechos del pueblo son su antítesis

IV- Liberalismo y Populismo

Permítanme comenzar con un principio que considero fundamental para comprender el mundo en que vivimos. El mundo ha cambiado, pero no la naturaleza humana. Este principio fue reconocido por David Hume en su obra *Un Tratado de la Naturaleza Humana* donde escribió hace 279 años: «Es imposible cambiar o corregir algo en nuestra naturaleza. Lo más que que podemos hacer es cambiar nuestras circunstancia y situación».

Cuando se dice que el mundo ha cambiado, ello implica reconocer que se ha elevado el nivel de vida como consecuencia del avance tecnológico. No olvidemos que como bien dijera William Berstein en *The Birth of Plenty:* «Hasta hace unos doscientos años el mundo vivía como vivía Jesucristo». Así no olvidemos que el mundo vivió sin electricidad por millones de años. Entonces me voy a permitir insistir en que el factor determinante de ese proceso fue la creación del sistema político que tomó en cuenta la naturaleza humana.

Voy a insistir en el pensamiento de Hume sobre un tema concordante con los principios anteriores, y que fuera la razón de ser la justicia, y al respecto dijo: «Es solamente del egoísmo y de la limitada generosidad de los hombres, conjuntamente con la escasa provisión que la naturaleza ha hecho de sus necesidades que la justicia deriva su origen». Y éste es otro principio fundamental, pues sin justicia, que implica el reconocimiento de la propiedad privada y del derecho a la búsqueda de la propia felicidad, no habría libertad ni creación de riqueza.

El tomar en cuenta la naturaleza humana, y que ésta no se altera por el avance tecnológico, es fundamental para mantener el sistema político que permitió y produjo el avance tecnológico. Igualmente tomemos en cuenta que cuando David Hume escribió sobre la naturaleza humana no se refería a los ingleses sino en términos genéricos.

Y yendo más lejos en el tiempo cuando Aristóteles escribió respecto a las determinantes de la demagogia hace 2500 años esa teoría está vigente en el mundo a través del socialismo.

En un reciente e interesante artículo sobre el liberalismo *The Economist* escribió algunos conceptos con los cuales discrepo. En primer término al referirse al origen y situación actual del liberalismo en el mundo se nombró a una serie de autores del pensamiento ignorando a los pensadores fundamentales que fueron John Locke, David Hume y Adam Smith.

En segundo término se refirió a que el *Welfare State* (Estado de Bienestar) no fue originado por el socialismo sino por el liberalismo. Mi criterio es que el *Welfare State fue* creado por el socialismo, y es y sigue siendo un estado de malestar en el mundo. El bienestar fue creado por el liberalismo y no por el *Welfare State*. Fueron las ideas liberales las que fundaron el sistema político a partir del cual se creo el bienestar que hoy sigue amenazado por el populismo.

Como conclusión de sus principios *The Economist* considera que el liberalismo habría surgido en el mundo por más de 30 años, comenzando en 1980. Creo que en este aserto se ignora que la realidad del mundo desarrollado es que en la implementación del *Welfare State* ha aumentado el gasto público.

Es un hecho indubitable que cuando el gasto público ronda o supera el el 50% del PBI, fácticamente se está violando el derecho de propiedad y el derecho a la búsqueda de la felicidad, que son los principios fundamentales del sistema liberal. Y esa realidad la está viviendo hoy la Unión Europea, donde Francia tiene un gasto del orden del 56% del PBI e Italia del 50% del PBI.

La economía de la Unión Europea prácticamente no ha crecido durante los últimos diez años. En la actualidad se dice que se está recuperando y que estaría creciendo un 2,0%. También parece que la economía americana se estaría recuperando, pero no hay ninguna duda de que la tasa de crecimiento había caído, en la medida que el nivel del gasto subía a niveles cercanos al 40% del PBI. Al mismo tiempo se considera que la economía China estaría cayendo porque sólo crece al 6,5% por año. Recientes artículos del *Foreign Affairs* describen la realidad del proceso económico europeo donde impera el populismo de izquierda y de derecha. O sea el socialismo y el nacionalismo.

Otro aspecto que a mi juicio expresa la realidad es la cita de John Stuart Mill respecto a la popularidad del término de «la tiranía de la mayoría» que hace *The Economist*. Esa en gran medida está prevaleciente por la confusión entre el *Rule of Law* y *Majority Rule*. Basta leer a James Madison para comprobar que ya los *Founding Fathers* habían tomado conciencia del pensamiento de Aristóteles: «Cuando el pueblo se hace monarca viola la ley y se hace déspota. Y desde entonces los aduladores del pueblo tienen un gran partido». En primer término fue Jefferson quien dijo: «Un despotismo electivo no fue el gobierno por el que luchamos». Y Madison en la Carta 10 del *The Federalist Papers* escribió: «Hombres de temperamento faccioso, de prejuicios locales o de designios siniestros, pueden por intriga, por corrupción o por otros medios, primero obtener los sufragios, y después traicionar los intereses del pueblo». Y otra observación importante para reconocer la realidad que enfrentamos en la actualidad es la observación de Alexander Madison en la Carta 1, donde escribió: «Una peligrosa ambición más a menudo subyace detrás de la especiosa máscara del celo por los derechos del pueblo».

Las anteriores consideraciones fueron los principios que generaron el sistema del *Rule of Law* al que erróneamente se le denomina «capitalismo» o «libre mercado». Esas denominaciones implican la consideración de que el sistema es económico, y por tanto se ignora que la economía es la consecuencia y no la causa de la política. En ese aspecto *The Economist* hace otra observación que considero relevante: «Se suponía que la nueva tecnología y el libre mercado difundirían el iluminismo y la prosperidad, pero mucha gente ya no espera vivir mejor que como vivieron sus padres. Como la democracia se desvía hacia el nacionalismo xenofóbico, los valores universales están en retirada. Y por primera vez desde los días de la Unión Soviética el liberalismo enfrenta el desafío de una poderosa alternativa, en la forma del capitalismo de estado chino».

Lamentablemente el riesgo del capitalismo no es la China, y mucho menos Rusia. Recordemos que la guerra ha desaparecido como consecuencia de la existencia de las armas nucleares tal como lo había previsto Alberdi cuando escribió: «Las guerras serán más raras en la medida en que la responsabilidad de sus efectos se hagan sentir entre los que las declaran y las incitan». Los riesgos son internos en cada país en función de la demagogia prevaleciente en términos de la igualdad. La lucha por la igualdad determina no la desigualdad de los que crean la riqueza sino la de quienes la reparten.

Hoy Trump ha convertido a Estados Unidos en el mayor riesgo de la globalización, en función de su pretensión de romper los acuerdos comerciales. Y no olvidemos que el comercio, a diferencia de la guerra, satisface el interés de ambos participantes. Nadie compra ni vende por hacerle un favor al otro, sino a favor de si propio. Y recordemos las palabras de Hume al respecto cuando dijo: «La riqueza de tu vecino no te perjudica sino que te beneficia». Y olvidemos a Kant quien había considerado que el comercio era deshonesto porque no se hacía por deber.

V- otro intento de neoliberalismo

Para comenzar voy a definir el sistema llamado «neoliberalismo» término usado por la izquierda para descalificar al liberalismo en nombre de la falacia política de la igualdad económica. El neoliberalismo, sistema comenzado por la Argentina, fue un intento de cumplir con las ideas liberales de respetar los derechos individuales, que están reconocidos en la Constitución Nacional. Así antes de referirme al gobierno de Macri voy a recurrir al pensamiento de Alexis de Tocqueville: «Tales son más fuertes los vicios del sistema que la virtud de quienes lo practican». Si tomamos a la política argentina como un parámetro repetido del neoliberalismo, ahí encontramos los vicios del sistema que superan la virtud de quienes lo practican. Y esos vicios del sistema son el aumento del gasto público con la intención de mejorar la vida de los pobres, y la revaluación del tipo de cambio como instrumento para reducir la tasa de inflación. El resultado histórico evidente de esa política ha sido la caída de la tasa de crecimiento económico, y consecuentemente la generación de más pobreza.

La consecuencia explicitada como causa primera es que el aumento del gasto público implica en primer término la violación de los derechos de propiedad. La consecuencia es la caída en la inversión. O sea la «mano invisible» superada por la «mano visible». En segundo lugar la revaluación de la moneda implica la caída en las exportaciones y el incremento de las importaciones. Es decir es la causa de la rentabilidad de la producción nacional, y por supuesto el aumento del déficit de balance de pagos.

En el análisis que estoy haciendo del neoliberalismo, no estoy poniendo en tela de juicio la virtud de quienes lo practican. O sea no hago juicios morales, sino tan sólo los resultados prácticos, que se contradicen con los intentos. Recordemos: «De buenas intenciones está plagado el camino del infierno».

El otro aspecto a tomar en cuenta es el intento de controlar la inflación restringiendo la oferta monetaria. Ello provoca en gran medida el aumento de la tasa de interés por encima de la rentabilidad del capital. La consecuencia es la quiebra del sistema financiero. Y me van a perdonar que repita una cita de George Gilder al respecto que considero fundamental: «Más tarde o más temprano los *liberals* americanos y los laboristas británicos van descubrir que las restricciones monetarias son una forma brillante de destruir al sector privado, dejando al sector público intacto». Y este proceso se produjo en la Argentina con la 1050 y en Estados Unidos en la década del setenta cuando Paul Walker subió la tasa de interés al 23%.

A mi juicio ese error conceptual fue compartido por el FMI con la supuesta instauración del llamado «modelo de Polak», el cual creo y espero haya sido superado. En el modelo Jaques J. Polak había establecido: «Si el aumento del gasto se financiara mediante el aumento de impuestos o del crédito externo, el desequilibrio no se produciría». Error virtual que es la insistencia en que el problema es el déficit, y se ignoran las sabias palabras de Milton Friedman cuando escribió: «El total del peso es lo que el gobierno gasta y no esos recibos llamados impuestos. Sin reducir el gasto, por tanto la reducción nominal de impuestos meramente disimula más que reduce el peso».

Aquí llegó Mauricio Macri al poder en Argentina y como lo he repetido, creo en sus buenas intenciones de recuperar la Argentina respetando los derechos individuales y la libertad internacional. No voy a repetir los aspectos favorables de su política que han provocado el apoyo total de Donald Trump y así como la aparente visión favorable del FMI en virtud de las declaraciones de su presidente la Sra. Christine Lagarde, quien ya decidió que en el acuerdo con el FMI es Macri quien decide la política a seguir en Argentina.

Es un hecho manifiesto que a su llegada al poder Macri encontró un desequilibrio sustancial de la economía, el cual ha tenido que superar, por más que hoy haya reconocido el aparente fracaso de su intento seguido bajo rúbrica del gradualismo. Ese supuesto gradualismo es en principio lo que considero la falacia de la política seguida, que parece estar influenciada por el pensamiento de Thomas Sowell cuando dijo: «La izquierda ha monopolizado la ética».

No puedo creer que el gradualismo haya sido el determinante de que Macri en su llegada en el 2016 aumentara el gasto público nacional en un 41% respecto del 2015, y el resultado fue la inflación del 40% en el año. Y esa tendencia siguió en la práctica según el modelo de Polak de financiar el déficit fiscal con moneda extranjera. El resultado ha sido la inflación del año pasado de un 25% y en lo que va del año alcanza a un 11,70% que anualizado alcanza al 30,67%.

Oro aspecto de la política seguida supuestamente bajo el supuesto del gradualismo, ha sido la creencia diría compartida con Sturzenegger de que la devaluación ha sido la causa de la inflación, cuando es un hecho que la causalidad es inversa. Por ello podemos estimar hoy que el tipo de cambio de $25 por dolar, implica una revaluación del peso de un 27%.

Todo parece indicar que de conformidad con la política seguida, la Argentina ha caído nuevamente en el llamado «neoliberalismo», tal como lo describí. La buena noticia es que Macri ha reconocido el fracaso de esa política, y dijo: «Hay que acelerar el recorte del gasto en el modelo económico del gradualismo». Es la primera vez que se ha reconocido la problemática inmersa en el gasto público, pues en la continuidad del modelo gradualista se refirió siempre al nivel del déficit. Y lamentablemente el FMI también se ha ceñido siempre a discutir el nivel del déficit y no del gasto.

Ya deberíamos saber, y voy a insistir en el tema, que la inflación no es el problema sino la consecuencia. Al respecto podemos ver que la Unión Europea no tiene inflación y hace diez años que no crece. Y si analizamos la evolución de la misma podemos ver que la caída en la tasa de crecimiento coincidió con el incremento del gasto público. Por tanto es evidente que el control de la inflación en nuestro caso depende de controlar el gasto público, y no del control monetario. Voy a citar nuevamente a George Gilder cuando escribió refiriéndose al gasto público: «La única forma de disminuir su impacto [del gasto público] en los precios es economizar en él, ya sea reduciendo su tamaño o incrementando su productividad».

Otro aspecto en el que disiento con la política seguida es la propuesta de reducir la pobreza, ya que ignora que no es el gobierno quien lo puede hacer, sino el sector privado productor de bienes y servicios, y no precisamente en colusión con el Estado. Al respecto vale recordar nuevamente a Adam Smith, quien escribió: «En la persecución de su propio interés él frecuentemente promueve el de la sociedad más efectivamente que cuando él realmente intenta promoverlo. Yo nunca he visto mucho bien hecho por aquellos que afectan negociar por el bien público», en una clarísima explicación del efecto de la «mano invisible». Al respecto vale recordar también las palabras de Alberdi: «Hasta aquí el peor enemigo de la riqueza del país es la riqueza del fisco. El ladrón privado es el más débil de los enemigos que la propiedad reconozca. Ella puede ser atacada por el estado en nombre de la utilidad pública». Resulta claro que el «Football Para Todos» no reduce la pobreza en la Argentina.

Otro aspecto importante a tomar en cuenta en la política nacional es la situación del poder judicial. Debemos recordar que ya Adam Smith había dicho: «Cuando el Poder Judicial está unido al Ejecutivo la justicia es pura política». Y Alberdi escribió: «La propiedad, la vida, el honor son bienes nominales cuando la justicia es mala». Esto ocurrió durante el gobierno de los Kirchner, y Macri parece también preocupado por el hecho. No podemos olvidar que tal como dijera el Juez John Marshall en Estados Unidos, «es la función y el deber del Poder Judicial de decir qué es la ley, y toda ley contraria a la Constitución es nula». Esta máxima es el principio es fundamental del *Rule of Law* , que es el sistema contrario a la democracia, y es por ello que se creó el *Judicial Review* para controlar sus desvíos jurídicos. Los Kirchner expropiaron Aerolíneas Argentina e YPF, en ambos casos por ley y sin ningún pago al respecto, en clara violación del artículo 17 de la Constitución: «La propiedad es inviolable y ningún habitante de la Nación puede ser privado de ella, sino en virtud de sentencia fundada en la ley. La expropiación por causa de utilidad pública debe ser calificada por ley y previamente indemnizada». Nada se ha hecho durante el gobierno por reconocer esa realidad que además tiene un costo adicional que son los millones de dólares que pierde Aerolíneas Argentina.

VI- La Mano Invisible vs. la Mano Visible

Las sociedades que esperan su felicidad de la mano de sus gobiernos, esperan una cosa que es contraria a la naturaleza.

Juan Bautista Alberdi

Voy a insistir en un tema que considero de la mayor relevancia para lograr entender el mundo en que vivimos. Para eso me voy a permitir recordar nuevamente a Séneca, quien dijo: «Para el que no sabe adónde va, no hay viento favorable». Entonces el problema pendiente es que si no se sabe dónde se está, y la razón de ser de encontrarse en esa situación, difícilmente se sepa adónde queremos ir. Entonces me atrevo a decir que el problema pendiente en la actualidad es la ignorancia y aun la descalificación ética de las razones por las cuales se alcanzó la presente situación del mundo.

Cuando me refiero al mundo no puedo menos que igualmente tomar en cuenta las diferencias entre los países y las zonas geográficas de la Tierra. El desarrollo en el mundo comenzó hace tan sólo unos doscientos años. Léase a Willian Bernstein *The Birth of Plenty* (El Nacimiento de la Abundancia) donde reconoce que hasta hace doscientos años el mundo vivía como vivía Jesucristo.

Ese proceso de crecimiento económico se produjo en la medida que avanzó el adelanto tecnológico, que en los últimos años se ha adelantado más rápidamente que nunca. A partir de ese hecho ha surgido el criterio de que la riqueza es el resultado de un proceso, y por tanto la izquierda se ha apropiado de la ética en nombre de la igualdad para lograr el poder político.

Puedo decir que el llamado mundo Occidental y Cristiano, al cual pertenece la América Latina, por más que así no lo crea mi ex profesor Samuel Huntington, se encuentra enfrentado ante la alternativa de la mano visible y la mano invisible. Como sabemos fue Adam Smith quien definió la mano invisible cuando escribió: «En la búsqueda de su propio interés él frecuentemente promueve el de la sociedad más efectivamente que cuando él realmente intenta promoverlo».

Pero antes de seguir ante esta antinomia tratemos de comprender qué fue lo que determinara la libertad, la creación de riqueza y por supuesto el avance tecnológico que hemos alcanzado. Ese proceso lo determinó una primera concepción ética sobre la naturaleza humana en la que se fundamentó la creación del sistema político que en primer término propuso la limitación del poder político ante el reconocimiento de John Locke acerca de que los monarcas también son hombres. Y en ese sentido se pronunció David Hume, quien escribió: «Es imposible cambiar o corregir algo material en nuestra naturaleza. El máximo que podemos hacer es cambiar nuestra situación y circunstancia, y rendir la la observación de las leyes de la justicia nuestro interés más cercano».

En segundo término fue el reconocimiento del respeto por los derechos individuales que no son los derechos humanos. En los derechos humanos existe un reconocimiento de la llamada justicia social. O sea que supuestamente se tienen derechos por nacer, y consecuentemente se violan los derechos de quienes luego de nacidos crearon la riqueza existente. Por esa razón fue Von Hayek quien escribió «cuando la justicia es social no hay justicia». Los derechos individuales son el derecho a la vida, a la libertad, a la propiedad y el derecho a la búsqueda de la propia felicidad.

En este último derecho, que fue considerado por John Locke como el principio fundamental de la libertad, se sustenta la mano invisible de Adam Smith, que hoy enfrenta la mano visible de quienes pretenden actuar en bien del pueblo o de la nación. Ya podemos ver que el desarrollo es la consecuencia de la mano invisible y ésta surge a partir del sistema ético político que la reconoce. El subdesarrollo es, y sigue siendo, cuando la mano visible triunfa sobre la mano invisible y en nombre de la igualdad se violan los derechos individuales.

Entonces a la primera pregunta ¿porque hasta hace doscientos años el mundo vivía como vivía Jesucristo y cuáles fueron los factores que determinaron la libertad y la riqueza? Podemos añadir una segunda pregunta. ¿Por qué hoy existen países desarrollados y países subdesarrollados? Indudablemente que la «mano invisible» surgió en Estados Unidos siguiendo los pasos de los principios instaurados en Inglaterra a parir de la *Glorious Revolution* de 1688. Mientras que la «mano visible» existió en el mundo en nombre de la deidad, y se racionalizó en Francia hasta copar la Europa continental.

Por ello insisto en la falacia de la civilización Occidental.

La filosofía política franco germánica ha sido la antítesis de la anglo-americana. Y permítanme considerar que si bien no podemos ignorar la influencia de Rousseau, Hegel y Marx en la construcción del totalitarismo, como lo reconoce Karl Popper en *La Sociedad Abierta y sus Enemigos*, no podemos ignorar la influencia ético política de Kant. Como dice Ayn Rand: «Lo que Kant propuso fue un completo, total y abyecto desinterés; él sostuvo que una acción sólo es moral si se hace por deber». O sea desconoció el principio del derecho a la búsqueda de la felicidad, o sea que prohibió la libertad y la creación de riqueza.

El socialismo es hoy la «mano visible» que prevalece en la Unión Europea que no crece económicamente. El subdesarrollo es la consecuencia de la ignorancia política acerca del sistema que sí permite la creación de riqueza. No obstante ha avanzado la tecnología que aparentemente determina la necesidad de cambiar algunos comportamientos en la sociedad. Por ello se requiere asimismo que se modifique la la educación en algunos aspectos técnicos. Pero no olvidemos que el planteo fundamental de la educación para la sociedad es que se aprenda y se valore el sistema que permite la libertad y la creación de riqueza. Por ello voy a citar a Richard A. Epstein que escribió en CATO: «Los principios incluidos en la clásica constitución liberal no son aquellos que operan solamente en ésta o aquella era. Son principios para las eras».

VII- Libertad vs.Igualdad

No creo que sea la primera vez que voy a ocuparme de este tema, pero como lo considero trascendente, no puedo dejar de poner a la vista los hechos que a mi juicio trasuntan una problemática aparentemente incomprensible. El tema de Occidente como historia virtual sigue siendo un primer paso trascendente en el camino de la confusión. Así, de repente, el capitalismo ha adquirido frente a ese mundo occidental esa descalificación ética de la que se encargaron de resaltar Marx, Engels y Lenin.

Esa descalificación proviene de que dicho sistema se considera económico, y que está a favor de los ricos y contra los pobres. Nadie parece recordar que fue el, a mi juicio mal llamado, capitalismo el sistema que permitió la libertad y en consecuencia la creación de riqueza por primera vez en la historia. Como bien dice Ayn Rand: «El capitalismo no creó la pobreza sino que la heredó». Ante esa realidad, como bien señala Thomas Sowell, la izquierda se ha apropiado de la ética, y en ese proceso accede irremisiblemente al poder. Así se ha apoderado del poder en Europa, y a los hechos me remito.

Sin embargo la idea de los valores occidentales continúa siendo el presupuesto de la virtud política. En un reciente artículo el diario *The Economist,* refiriéndose a la India, dijo: «Pero comparte muchos valores occidentales». Consecuentemente parece que para *The Economist* es la China quien no los comparte. Pero, oh maravilla de Confucio, que iluminando a Marx permite que la China crezca al 8.5% anual! De más está decir que si Europa representa los valores de Occidente, ¿a qué se debe entonces la crisis y el aumento de una deuda que ya debiéramos reconocer impagable?

Se me ocurre que los «valores occidentales» están hoy cada vez más lejos de aquellos que determinaron la aparición del capitalismo, hoy descalificado y considerado la causa de la crisis en la Unión Europea.

Ya deberíamos saber que ese Occidente, cuyos valores destaca *The Economist,* surgió de un principio fundamental expuesto primeramente por John Locke y recogido por Jefferson, que es «el derecho del hombre a la búsqueda de su propia felicidad». ¿Habría alguna duda de que el socialismo que impera en la Unión Europea desconoce y repudia ese valor? El socialismo parte de una falacia respecto a la naturaleza humana, e ignora el derecho a la búsqueda de la propia felicidad por considerarlo la consecuencia del egoísmo, la codicia y la concupiscencia. Por supuesto los socialistas creen o usan la falacia del «hombre nuevo» que es altruista (Rousseau) y ama por deber (Kant).

Estamos viendo que la discusión verdadera no es económica, sino que parte de una noción biológica respecto a la naturaleza humana, pues como bien dijera David Hume: «Toda ciencia comienza por la ciencia del hombre y por supuesto ella se reconoce a través de la historia». Y continúa: «La naturaleza humana es inmutable, si queremos cambiar los comportamientos es necesario cambiar las circunstancias». Esa nueva circunstancia fue el sistema derivado del principio de John Locke antes citado. Es evidente que discutir el capitalismo en términos económicos –o Economía de Mercado– es un error capital que ignora que el mercado depende del respeto al derecho de propiedad. O sea que el sistema parte de una noción biológica de la naturaleza humana. A partir de ella se establecen políticamente los principios éticos que lo rigen, y por supuesto deriva en el régimen jurídico que lo conforma.

Dicho lo que antecede no podemos menos que reconocer la falacia de los «valores de Occidente». El socialismo, tal como lo proyectara Eduard Bernstein, es marxismo con votos y sin revolución. Como bien dijera Ayn Rand; y perdón por la insistencia en las citas: «La idea de emancipación predominante en Europa consiste en cambiar del hombre como esclavo del Estado absoluto, personificado por el monarca, al hombre como esclavo absoluto del estado encarnado en el pueblo». Este sistema es al que se refirió Jefferson como «despotismo electivo».

Si no estoy equivocado Europa es Occidente por más que los chinos la consideraban situada muy al Oriente. Y aquí tenemos una incógnita que develar. ¿Cuál es la causa de que China crece al 8.5% anual desconociendo los valores de Occidente, y la Unión Europea, donde rigen los valores de Occidente, no crece y está en crisis? Ese valor por antonomasia, que parece prevalecer en la Unión Europea, es el altruismo y consiguientemente se ignora el principio fundamental de los derechos individuales, que se confunden con los derechos humanos que presuponen que el nacer crea derechos. Se ignora así que «cuando las necesidades generan derechos, se violan los derechos de los que crean la riqueza que satisface esas necesidades».

Entonces en la discusión con la izquierda, que tiene la habilidad de defender inteligentemente la estupidez, tenemos que reconocer y defender los verdaderos principios que permitieron la libertad por primera vez en la historia y que, consecuentemente, se generara riqueza. Como antes dije ese sistema es ético, político y jurídico, y se basa en el respeto por los derechos individuales —a la vida, la libertad, la propiedad y a la búsqueda de la propia felicidad— la limitación del poder político y que las mayorías no tienen el derecho a violar los derechos de las minorías. Y por último, y no menos trascendente, el rol fundamental del poder judicial para reconocer la ley de acuerdo con los principios establecidos en la Constitución.

VIII- ideología y libertad

Se dice que la discusión no es ni debe ser ideológica. Ese principio es una contradicción respecto a la realidad que enfrentamos. La historia demuestra claramente que son las ideas las que determinan los comportamientos, y voy a insistir en que el mundo cambió a partir de la aceptación de ciertas ideas que determinaron el sistema ético y político que a su vez produjo el progreso y la libertad. Es un hecho manifiesto que por el contrario fueron otras ideas las que determinaron el totalitarismo como una racionalización del despotismo.

No puedo menos que insistir en que tal como explica William Bernstein en *The Birth of Plenty*: «el mundo hasta hace unos doscientos años vivía como vivía Jesucristo». ¿Qué fue lo que cambió al mundo? Tomemos en cuenta el pensamiento de David Hume que escribió: «Es imposible cambiar o corregir algo material en nuestra naturaleza, lo más que podemos hacer es cambiar nuestra circunstancia y situación».

Evidentemente ese cambio se produjo a partir de las ideas que crearon el sistema ético, político y jurídico que determinó el cambio de situación y circunstancia. No me cabe la menor duda de que el respeto del derecho de propiedad privada y el derecho a la búsqueda de la felicidad, que Locke considerara el principio fundamental de la libertad, han sido las ideas que cambiaron al mundo.

Las ideas contrarias a éstas fueron determinantes de los regímenes totalitarios que surgieron en Europa. Basta analizar el pensamiento de Rousseau que influyó en la Revolución Francesa las raíces del totalitarismo, «Diosa Razón» mediante. Al respecto escribió Rousseau: «Así como la naturaleza le da a cada hombre poder absoluto sobre su cuerpo, el pacto social le da al cuerpo político poder absoluto sobre sus miembros». Y sigue: «Cualquiera que que se atreve a emprender la tarea de instituir una nación debe sentirse capaz de cambiar la naturaleza humana».

El socialismo es una ideología que proviene de estas ideas, y seguidamente llegó Karl Marx, que hoy está presente via Eduard Bernstein quien escribió que el socialismo se podía alcanzar democráticamente y sin revolución. Tampoco podemos ignorar el pensamiento de Kant al respecto.

Creo que estamos viendo la obviedad del pensamiento de Balint Vazsonyi: «La filosofia política angloamericana y la franco-germánica son tan diferentes como el día y la noche». Y no podemos menos que reconocer al respecto que de la angloamericana surgió la libertad, y de la franco-germánica el totalitarismo. Y al respecto François Revel en su obra *La Obsesión Antiamericana* escribió: «Son los Europeos, que yo sepa, quienes hicieron el siglo XX el más negro de la historia, en las esferas política y moral, se entiende. Ellos provocaron los dos cataclismos de una amplitud sin precedentes, que fueron las dos guerras mundiales; ellos fueron los que inventaron y realizaron los dos regímenes más criminales jamás infligidos a la especie humana».

Ahora también se está discutiendo que la problemática del mundo que se viene surge de la inteligencia artificial. Por el momento discrepo con esa teoría. A mi juicio el problema pendiente es la falta de inteligencia natural, aprovechada por quienes la tienen y emplean para obtener el poder político. Ese es el caso del socialismo, que se fundamenta en la falacia de la búsqueda de la igualdad. Al respecto recordemos a Karl Popper: «Luché por la igualdad hasta que me percaté que en la lucha por la igualdad se perdía la libertad, y después no había igualdad entre los no libres».

Otro aspecto a tener en cuenta es el resultado aparentemente favorable de la reunión del G20 en la cual parece haberse aceptado el criterio de que el acuerdo es más importante que el desacuerdo. Como bien dijera David Hume: «La riqueza de tu vecino no te perjudica sino que te beneficia». Esa conclusión había sido ya aceptada por Estados Unidos, y por ello aplicó el Plan Marshall después de la segunda guerra mundial. Esa decisión no fue un acto de beneficencia sino de inteligencia en virtud de la conciencia de que le convenía que Europa restaurara su economía y la libertad. Diría que fue la primera vez en la historia que los países que perdieron la guerra ganaron la libertad.

Hoy el mundo Occidental parece confundido por la democracia socialista, pero no hay dudas de que las ideas que lo cambiaron siguen siendo válidas, y por ello Richard Epstein escribió: «Los principios incorporados en la Constitución Liberal Clásica no son aquellos que operan en ésta o aquella era. Son principios para todas las eras». En otras palabras la tecnología no altera las ideas que la provocaron.

Al respecto considero importante la evaluación de esa realidad de Peter Drucker: «Tan difundida y tan falaz como la creencia de que la Ilustración engendró la libertad en el siglo XX es la creencia de que la Revolución Norteamericana se basó en los mismos principios que la Revolución Francesa y que fue efectivamente su precursora».

En función de esa realidad he reconocido la falacia de la Civilización Occidental, que implica la ignorancia de que de Europa provino el totalitarismo, Revolución Francesa mediante, como racionalización del despotismo. Y aquí estamos ante la confusión del Iluminismo, a la que ya me he referido, y de la democracia mayoritaria, que sigue siendo el camino de la demagogia al socialismo. O sea del populismo que reina en Europa. En tanto que en China, desde el poder que se justifica en el comunismo, se han aceptado las ideas que cambiaron al mundo y a las que me he referido. Por ello crece y ha pasado a ser la segunda economía mundial. Por el contrario Europa, que está enclaustrada en el populismo democrático, no crece.

Volviendo a la inteligencia artificial debemos reconocer el avance tecnológico que ella implica y que determina una evolución en la vida cotidiana, no un cambio en la naturaleza humana. Si la inteligencia artificial es usada políticamente para insistir en los derechos del pueblo y la falacia de la igualdad, ello determinará mayor aumento del gasto público y la consecuente mayor caída en la ya baja tasa de crecimiento económico que prevalece hoy en el mundo occidental. Como decía la China «muy al Oriente está Occidente», y todo parece indicar que Occidente está desorientado abandonando las ideas que cambiaron al mundo. Permítanme recordar de nuevo a Alberdi: «Hasta aquí el peor enemigo de la riqueza del país es la riqueza del fisco».

IX- La revolución capitalista

Leí el reciente artículo de *The Economist* respecto a la llamada Próxima Revolución Capitalista. En primer término voy a insistir en que estoy en desacuerdo con la denominación de «capitalismo» al sistema que cambió la historia del mundo desde hace 200 años. Esa denominación le fue otorgada por Karl Marx para descalificarlo éticamente como la explotación de hombres sobre hombres.

El sistema comenzó con la ignorada *Revolución Gloriosa* en Inglaterra en 1688. Esa revolución se basó fundamentalmente en las ideas de John Locke, quien declaró la importancia de la limitación del poder político ante la toma de conciencia de que los monarcas también son humanos. Seguidamente defendió el respeto al derecho a la propiedad privada y el reconocimiento de que el derecho del hombre a la búsqueda de su propia felicidad era el principio fundamental de la libertad.

Esos principios fueron llevados a sus últimas consecuencias por los *Founding Fathers* en Estados Unidos mediante la Constitución de 1787 y el *Bill of Rights* de 1791. En esos documentos prevalecieron las ideas de Locke así como las de David Hume respecto a la naturaleza humana respecto a la cual escribió: «Es imposible cambiar o corregir algo natural en nuestra naturaleza, lo más que podemos hacer es cambiar las circunstancias y la situación».

Basado en ese pensamiento James Madison escribió en *The Federalist Papers*: «Si los hombres fueran ángeles no seria necesario el gobierno; Si los ángeles fueran a gobernar a los hombres, no se necesitaría ningún control externo ni interno. Al organizar un gobierno que va a ser administrado por hombres sobre hombres, la dificultad yace en esto. Ud debe primero capacitar al gobierno a controlar a los gobernados; y en segundo término obligarlo a controlarse a si mismo».

En función de la necesidad de controlar el poder político se produjo en 1793 el caso Marbury vs. Madison en el cual el Juez John Marshall decidió: «Todos aquellos que han encuadrado una Constitución escrita la contemplan como formando la ley fundamental y suprema de la nación, y consecuentemente la teoría de todos esos gobiernos debe ser que una ley de la legislatura repugnante a la Constitución es nula. Es enfáticamente, el ámbito y el deber del departamento judicial determinar qué es la ley». Es decir que se adoptó el criterio de Adam Smith que escribió: «Cuando el poder judicial está unido al Ejecutivo, la justicia es pura política». Y esa definición del *Judicial Review* es el factor fundamental que distingue la democracia del sistema del *Rule of Law*.

Basado en estos principios la economía americana en 100 años pasó a ser la primera del mundo. Por tanto vemos que la economía es la consecuencia del sistema ético y político. Permítanme recordar que fue gracias a los americanos que el nazismo y el comunismo no controlaron al mundo. En ese sentido Ayn Rand reconoció que la filosofía política americana de los derechos individuales fue completamente desconocida por los intelectuales europeos.

Consecuentemente el desafío que enfrenta hoy el *Rule of Law*, que no es la «democracia» tal como reconoció Thomas Jefferson al escribir «Un despotismo electivo no fue el gobierno por el que luchamos». Es obviamente la observación de The Economist respecto a la percepción del capitalismo: «El sentido de un sistema que que atiende a beneficiar a los dueños del capital a expensas de los trabajadores es profundo». Es decir Marx está presente via Eduard Bernstein quien dijo que al socialismo se puede llega democráticamente y sin revolución.

Esa fue la razón por la cual el populismo reina en Europa tal como lo describe Fareed Zakaria y Cas Mudde en sus artículos en *Foreign Affairs*. La prueba de este hecho ha sido el aumento del gasto público que ha determinado la caída en crecimiento económico. Ése es el caso de la Unión Europea, donde ahora tampoco crece Alemania. Y permítanme recordar la realista observación de Alberdi cuando escribió: «Hasta aquí el peor enemigo de la riqueza del país es la riqueza del fisco»: Y no olvidemos que hace 2500 años Aristóteles escribió: «La democracia es la destrucción de la república».

X- Igualdad; Pobreza y Libertad

El último discurso de Macri valoró fundamentalmente el haber logrado una reducción en el nivel de pobreza en el año 2017, que según los datos pertinentes se habría reducido del 28% al 25%. Y asimismo repitió que su propuesta de política nacional es el de reducir la pobreza a cero, lo que manifestó como el proyecto principal de su política. Lo que no explicó es cuál es la política a seguir para lograr ese objetivo.

Al respecto voy a comenzar refiriéndome a algunas consideraciones de Ayn Rand que considero trascendentes ante el mundo en que vivimos en el cual la izquierda ha monopolizado la ética en nombre de la supuesta igualdad y los derechos del pueblo. Obviando que cuando los derechos son del pueblo ni Ud. ni yo tenemos derechos. Ya deberíamos haber aprendido que los «derechos del pueblo» son la retórica izquierdista para obtener el poder absoluto y violar los derechos individuales.

Así dice Ayn Rand: «El principio básico del altruismo es que el hombre no tiene derecho a vivir por su propio motivo, y que su servicio a los demás es la única justificación de su existencia». Esperemos que el proyecto de Macri no esté basado en el altruismo. Ya con el pensamiento de Kant al respecto de que la búsqueda de la felicidad es deshonesta, pues se hace por interés y no por deber, se determinó el principio básico del Iluminismo que diera lugar –como racionalización del despotismo– al totalitarismo europeo. Por supuesto que doy por sentado que Macri no pretende un proyecto de esa naturaleza, pero es imprescindible determinar cuáles son los principios en que piensa basar el logro de la eliminación de la pobreza.

Entonces voy a insistir en el pensamiento de Ayn Rand al respecto del capitalismo: «Comparado con los siglos de hambre pre-capitalista, las condiciones de vida de los pobres en los primeros años del capitalismo fue la primera oportunidad que los pobres tuvieron de sobrevivir».

En virtud de esa realidad la descalificación de Marx del capitalismo como la explotación del hombre por el hombre, constituye el desconocimiento del sistema que cambió la historia del mundo, y que fuera el *Rule of Law*, cuyo principio fundamental es el respeto por los derechos individuales: «a la vida, a la libertad, a la propiedad y a la búsqueda de la propia felicidad». Y asimismo el reconocimiento de la naturaleza humana para decidir la necesidad de limitar el poder político, pues como reconoció John Locke: «Los monarcas también son hombres».

El *Rule of Law* es un sistema ético político y al respecto me voy a volver a referir al Locke que dijo: «Lo que importa no es la Ley, sino qué ley» Y al respecto Hayek se refirió claramente cuando escribió ·«No es lo mismo una ley que regula el tránsito, que una que ordena adónde tenemos que ir».

El respeto al derecho a la búsqueda de la propia felicidad es, como reconociera Locke, el principio fundamental de la libertad. Así fue reconocido por Adam Smith en su visión de la llamada «mano invisible» conforme a la cual el individuo beneficia más a la sociedad en la persecución de su propio interés que aquellos que pretenden actuar por el bien público. Al respecto Vaclav Havel dijo: «La riqueza de las naciones depende la libertad de sus habitantes, no de la fertilidad de sus tierras».

Por todo lo dicho anteriormente es indudable que la eliminación de la pobreza requiere la implementación del sistema que crea riqueza, y que no se basa en la generosidad del gobierno. Ya deberíamos saber que hay una correlación inversa entre el nivel del gasto público y la tasa de crecimiento económico. Por tanto la *conditio sine qua non* del propósito de Macri de eliminación de la pobreza es la reducción del gasto público.

Podemos ver que, tal como recordara *The Economist,* la Argentina cuando había establecido el *Rule of Law* mediante la constitución de 1853-60 a principios del siglo XX tenía un ingreso per cápita mayor que el de Francia, Italia y Alemania. Y recordemos que el derecho a la búsqueda de la felicidad está implícitamente reconocido en el artículo XIX de la Constitución Nacional.

El otro factor que afecta negativamente la posibilidad del crecimiento económico es la tendencia socialista a la búsqueda de la igualdad. Como bien dijera Karl Popper: «Me percaté que en la búsqueda de la igualdad se perdía la libertad, y después no había igualdad entre los no libres». Pero al respecto vale recordar las sabias palabras del Papa León XIII que en 1891 escribió la encíclica *Rerum Novarum* donde dijo: «En la sociedad civil no pueden ser todos iguales los altos y los bajos. Afánanse en verdad, por ella los socialistas; pero vano es ese afán y contra la naturaleza misma de las cosas. Porque ha puesto en los hombres la naturaleza misma grandísimas y muchísimas desigualdades. No son iguales los talentos de todos, ni igual el ingenio, ni la salud, ni las fuerzas; y la necesaria desigualdad de estas cosas sigue espontáneamente la desigualdad en la fortuna. La cual es por cierto conveniente a la utilidad, así de los particulares como de la comunidad». Como vemos León XIII había aceptado la mano invisible de Adam Smith y hoy lamentablemente el Papa Francisco parece no haber leído *Rerum Novarum*.

Hoy a mi juicio seguimos en una confusión prístina a la que se ha añadido la situación de China. China bajo un gobierno supuestamente comunista crece a tasas inconmensurables, y ha pasado a ser la segunda economía mundial. Y en ese proceso ha logrado sacar a 300 millones de chinos de la pobreza. Esa situación aparentemente nos deja perplejos ante el hecho de que la Unión Europea y democrática prácticamente no crece hace más de diez años.

Yo me permito concluir al respecto que China es hoy más capitalista que la Unión Europea, que se encuentra en manos del socialismo democrático. O sea Marx, Eduard Bernstein mediante. Según la última información al respecto el gasto público en China alcanza al 31% del PBI en tanto que el promedio en la Unión Europea alcanza la 47,5% del PBI, y en Francia al 56% del PBI. Otro dato importante al respecto es que el 40% de la inversión extranjera va a la China. Por ello no puedo menos que concluir que desde el autoritarismo de Xi Jinping se respetan los derechos de propiedad y de la búsqueda de la felicidad.

Entonces, volviendo a la situación de Macri, insisto en que lo que crea la pobreza no es la desigualdad, tal como lo reconoció Margaret Thatcher en Inglaterra, sino la falta de creación de riqueza. Y ésta depende del derecho de propiedad, que está siendo violado fácticamente por el incremento inusitado del nivel del gasto público. Y recordemos a Winston Churchill cuando escribió: «El socialismo es una filosofía del fracaso, el credo de la ignorancia y el evangelio de la envidia». Y cuando en un discurso en el Parlamento remarcó: «Su virtud inteligente es el reparto igualitario de la miseria».

Decididamente Macri no está en esa tesitura, y por ello uno de sus aportes fundamentales al cambio ha sido la restauración de la seguridad jurídica y el restablecimiento de la confianza en Argentina en el orden externo. Por ello la oposición tradicional argentina lo ataca por estar de parte de los ricos. Y la realidad es que son los ricos ante la seguridad jurídica los que generan riqueza. Cuando por el contrario en nombre de los pobres se violan los derechos de propiedad se genera más pobreza, y la única riqueza se queda en las manos de quienes dicen repartirla.

III América Latina

I- Crimen y no castigo

Perdón, pero ante la visión del mundo respecto al aparente cambio de gobierno en Cuba, no puedo menos que recordar las expresas palabras de Martí que dijo: «Ver con calma un crimen, es cometerlo». Y eso es lo que ocurre sin lugar a dudas en la actualidad cuando se ignoran los crímenes cometidos por Fidel Castro a su llegada al poder, cuando estableció primero la prisión política de la Cabaña y después El Castillo del Príncipe, del cual nombró jefe al Che Guevara. Igualmente se ignora que toda la guerrilla en América Latina fue financiada por Rusia y organizada en la Habana.

Ante este supuesto cambio de gobierno se pretende saber que es lo que piensan los cubanos en la isla al respecto. Así se olvidan las sabias palabras de Maquiavelo en *El Príncipe* donde escribió: «El príncipe no puede controlar el amor pero si el miedo». El mundo que no ha vivido esa experiencia ignora lo que es el miedo ante un gobierno totalitario.

¿Qué se puede esperar de este supuesto cambio de gobierno elegido por el propio Raúl Castro? Demás está decir que el supuesto nuevo presidente Diaz Canel no es más que un acólito pertinaz de los Castro. Por supuesto por años perteneció al gobierno más criminal que ha sufrido América Latina. Y como es sabido Raúl queda en el poder en la trastienda como jefe del partido comunista y al mando del ejército.

Cuba a la llegada de Fidel Castro vivía bajo un supuesto dictador que era Fulgencio Batista, y prevalecía la libertad. Ya en 1958 Batista había organizado unas elecciones y había decidido abandonar el poder. No olvidemos que yo viví en esa era era, y me consta que Cuba tenía el nivel de vida más elevado de América Latina. En Cuba prevalecía el sistema liberal y fácticamente me atrevería a decir que desde el punto de vista económico funcionaba como una provincia de Estados Unidos, donde prevalecía la inversión americana en todos los ámbitos de la economía cubana.

No olvidemos tampoco que Fidel Castro llega a la Habana en virtud de Eisenhower. Como bien lo explicita Earl T. Smith, el entonces embajador de Estados Unidos, en su libro *El Cuarto Piso* fue Eisenhower quien le pidió a Batista que dejara entrar a Fidel Castro en la Habana. Y por supuesto en la Cuba de aquella época, cuando se decía que Fidel era comunista, se pensaba que lo americanos no permitirían un gobierno comunista a 90 millas de La Florida.

Lamentablemente esa concepción fue un error de concepto con la llegada de Kennedy a la presidencia de Estados Unidos. Así en primer lugar traicionó a los cubanos en la invasión a Bahía de Cochinos al no prestarles el apoyo aéreo prometido, y seguidamente durante la crisis de los misiles pactó con Nikita Khruschev el entregar Cuba a la órbita soviética. Afortunadamente para los dominicanos llegó Lyndon B. Johnson al poder y mandó a los marines a Santo Domingo para destituir al presidente general Francisco Caamaño, entonces partidario de Fidel Castro.

Otro factor prevaleciente en la mirada que el mundo tiene sobre Cuba es el embargo americano, que aparece como una expresión del imperialismo americano. Nada más falaz en la historia que esa concepción. Tan pronto llegó Fidel Castro a la Habana en su primer y largo discurso dijo, y así lo recuerdo, «Nosotros no estamos aquí por el Pentágono sino en contra del Pentágono». Y seguidamente su política se basó en la nacionalización de toda la propiedad privada y por supuesto la de los americanos. Por tanto el embargo fue una respuesta a la decisión política de Fidel Castro de romper relaciones con Estados Unidos.

El embargo ha sido considerado por la izquierda como bloqueo, ignorando que si Estados Unidos hubiese establecido un bloqueo Fidel Castro no hubiera podido permanecer en el gobierno de Cuba. Los rusos no hubieran podido ayudarlo económicamente y Cuba no hubiera podido comerciar con el mundo. Lamentablemente el embargo a quien ha beneficiado es a la figura de Fidel Castro, que aparece enfrentado al imperialismo y que puede culpar de la caída de la economía cubana al embargo y no a su política comunista.

Hoy nos encontramos igualmente ante la paradoja de la visión del mundo respecto a Venezuela, la ignorancia activa de que Maduro no es más que un intento de reproducción de Fidel Castro en Venezuela, y por tanto igualmente ha destruido la economía venezolana. Igualmente parece ignorarse la influencia de Cuba en Venezuela que además controla al ejército venezolano. Y ahora por supuesto ya Maduro ha pactado con Miguel Diaz Canel, presidente del Consejo de Estado y del Consejo de Ministros de Cuba, y prometió visitar la isla.

Igualmente en el reciente encuentro latinoamericano en Perú se cayó en primer lugar en la incontinencia de prohibir la entrada de Maduro e invitar a Raúl Castro. Y asimismo ese encuentro, supuestamente basado en evitar la corrupción en América Latina, ignora que en el medio de la pobreza cubana Fidel Castro era uno de los hombres más ricos del mundo. Y nada más desafortunado que el encuentro de Obama con Raúl Castro, que igualmente implica ignorar la realidad viviente en Cuba, y así hay preocupación por los presos políticos en Venezuela y se ignoran los presos políticos en Cuba. O sea la violación pertinaz de los derechos humanos desde la llegada de Fidel hasta la fecha.

Y por último todo parece indicar que el cambio de gobierno en Cuba no implica un cambio en la situación ni en el sistema que ha prevalecido por más de cincuenta años. Es posible no obstante que se intente un viraje económico en los términos de China, no obstante que ya Díaz Canel ha expuesto su decisión de mantener el sistema socialista. Y queda una reciente incógnita que es cuál será la política americana respecto a Cuba luego de las recientes expresiones de Trump acerca de que quería a Cuba.

II- Bolívar y Maduro en Venezuela

«Simón Bolívar fue el primer dictador en América» Esa fue la observación de Domingo Faustino Sarmiento, una de las mentes más privilegiadas en la lucha por la libertad en el continente y por supuesto en la Argentina. Y he dicho por la libertad y no por la independencia, en tanto que Bolívar a mi juicio tenía confundidas «libertad» e «independencia». Vale recordar a Alberdi al respecto: «La patria es libre cuando no depende del extranjero, pero el individuo carece de libertad en cuanto depende del estado de un modo omnímodo y absoluto».

Y este es el proceso iniciado en Venezuela por Bolívar, tal como vamos a ver en sus siguientes declaraciones.

En primer lugar dijo: «En América debe gobernar un monarca con el nombre de presidente». Para llegar a esa conclusión en una carta del 12 de agosto de 1813 dirigida al Gobernador de Barinas escribió: «Jamás la división del poder ha establecido y perpetuado gobiernos, sólo su concentración ha infundido respeto para una nación, y yo no he liberado a Venezuela sino para realizar este mismo sistema». Creo que está claro que esa es la intención de Maduro con la instalación de la nueva corte.

Siguiendo su pensamiento en el Discurso ante el Congreso de Angostura el 15 de febrero de 1819 dijo: «En las repúblicas el ejecutivo debe ser el más fuerte [...] si no se ponen al alcance del ejecutivo todos los medios que una justa atribución le señala, cae inevitablemente en la nulidad o en su propio abuso [...] La libertad indefinida, la democracia absoluta, son los escollos en que han ido a estrellarse todas las esperanzas republicanas». Consciente de esa filosofía siguió diciendo: «Pisístrato usurpador y tirano fue más saludable a Atenas, y Pericles aunque también fue usurpador, fue el más útil ciudadano». Yo diría que fue basado en esos principios que llegó a las siguientes conclusiones con respecto a Estados Unidos: «Cuanto más admiro la excelencia de la constitución federal de Venezuela, tanto más me persuado de la imposibilidad de su aplicación a nuestro estado. Y según mi modo de ver, es un prodigio que su modelo en el norte de América subsista tan prósperamente y no se trastorne al aspecto del primer embarazo o peligro. A pesar de que aquel pueblo es un modelo singular de virtudes políticas y de ilustración moral; no obstante que la libertad tu sido su cuna, se ha criado en la libertad y se alimenta de pura libertad; — lo diré todo: aunque bajo de muchos respectos, este pueblo es único en la historia del género humano, es un prodigio, repito, que un sistema tan débil y complicado como el federal haya podido regirlo en circunstancias tan difíciles y delicadas como las pasadas. Pero sea lo que fuere de este gobierno con respecto a la nación americana, debo decir, que ni remotamente ha entrado en mi idea asimilar la situación y naturaleza de dos estados tan distintos como el inglés americano, y el americano español. ¿No sería muy difícil aplicar a España el código de libertad política, civil y religiosa de Inglaterra? Pues aún es más difícil adaptar en Venezuela, las leyes del norte de América. ¿No dice «El espíritu de las leyes» que éstas deben ser propias para el pueblo que se hacen? ¿que es una gran casualidad que las de una nación puedan convenir a otra? ¿que las leyes deben ser relativas a lo físico del país, al clima, a la calidad del terreno, a su situación, a su extensión, al género de vida de los pueblos? ¿referirse al grado de libertad que la constitución puede sufrir, a la religión de los habitantes, a sus inclinaciones, a sus riquezas, a su número, a su comercio, a sus costumbres, a sus modales? ¡He aquí el código que debíamos consultar y no el de Washington!».

Creo que tomando en cuenta las anteriores manifestaciones Bolívar estaría amparando a Maduro hoy en Venezuela.

Y asimismo es evidente que esos principios son la antítesis del pensamiento de Alberdi y Sarmiento, que a partir de la Constitución de 1853-60 proyectaron a la Argentina por las cimas de la historia. En primer lugar vale recordar un pensamiento de Alberdi cuando dijo: «¿Cuál es la índole y condición de la libertad latina? Es la libertad de todos refundida y consolidada en una sola libertad colectiva y solidaria de cuyo ejercicio exclusivo está encargado un libre Emperador o un Zar libertador. Es la libertad del país personificada en su gobierno, y su gobierno todo entero personificado en un hombre»: Me atrevería a pensar que se estaba refiriendo a Bolívar.

Con respecto al tema de la confusión con Estados Unidos Sarmiento muestra un pensamiento trascendente al respecto: «Sólo Estados Unidos e Inglaterra tienen instituciones fundamentales que ofrecer al mundo futuro». O sea había tomado conciencia de que no es la cultura o incultura la que determina el sistema institucional, sino éste el que en última instancia determina los comportamientos de la sociedad. Y la Argentina es un ejemplo indubitable de la realidad de ese pensamiento, y por ello como antes reconocimos en cincuenta años pasó a ser uno de los principales países del mundo.

Perdón por las citas, pero insisto en el pensamiento de David Hume respecto a que la historia es un aprendizaje.

Pero volviendo a Venezuela voy asimismo a cruzar el Caribe y la tristeza que podemos observar al respecto en la situación de Cuba.

A la llegada de Fidel Castro a la Habana los cubanos, con mi excepción, si hubiese habido una elección el 90% me parece que habrían votado por él. Ello se debía a que en Cuba había la noción compartida de que los americanos no permitirían un país comunista a 90 millas de la Florida.

La llegada de Fidel a la Habana, a diferencia de los casos de Chávez y Maduro, fue determinada originalmente por la política de Estados Unidos. En primer término fue Eisenhower quien le pidió a Batista que abandonara la isla y dejara entrar a Fidel. Reconocido por Earl T. Smith embajador americano en la Habana. En segundo término Kennedy traicionó a los cubanos en la invasión a Bahía de Cochinos al no prestarle el apoyo aéreo prometido; y seguidamente durante la crisis de los misiles en 1962 pactó con Nikita Khruchev entregar a Cuba a la órbita soviética, situación no variada hasta la fecha por más que haya sido Rusia a mi juicio la que ha variado con Putin.

En Venezuela por el contrario existe una situación de grandes dificultades, pero existe una oposición que hoy tiene el apoyo del mundo, y en particular de Estados Unidos con Trump a la cabeza, y gran parte del resto de los países de América Latina. Por el contrario el totalitarismo cubano es ignorado, y Obama pactó con Raúl Castro aunque aparentemente Trump está por el momento modificando el acuerdo. Pero se ignoran los crímenes de los Castro en Cuba y en el continente, pues fue en Cuba donde se organizó la guerrilla latinoamericana de los años 70. Así igualmente se ignoran los presos políticos cubanos.

Otro hecho que no se puede ignorar es que en una dictadura el control de las armas es fundamental, y tal es la situación de Maduro frente a la oposición que aparentemente además hoy parece estar dividida ante la propuesta de las próximas elecciones.

Lo mismo ocurrió con Fidel Castro, cuando el ejército de Batista tomó conciencia de que los americanos lo apoyaban, lo apoyaron también hasta la fecha. Por ello otra contradicción imperante es el aparente enfrentamiento mundial con Maduro y el acuerdo de Obama con Raúl Castro.

Así se ignora también que aparentemente el ejército cubano controla el ejército venezolano en Venezuela.

Pero voy a tomar en cuenta otro aspecto importante respecto a la política de Trump frente a Venezuela. Ya debiéramos tomar en cuenta el fracaso político del embargo, más allá de las razones políticas que lo determinaron, cuando Fidel nacionalizó todas las propiedades americanas en Cuba. El embargo lejos de provocar algún cambio en Cuba o facilitar la caída de Fidel Castro, apareció ante el mundo como la justificación de la pobreza creada por el sistema comunista, y hoy Fidel aparece ante este mundo confundido con Estados Unidos como representante del antiimperialismo. Todas las medidas económicas contra Venezuela tendrán el mismo efecto contradictorio.

Por último y para terminar debemos recordar el caso de Santo Domingo ante la posibilidad de la toma de posesión de un gobierno igualmente castrista. Fue el presidente Lyndon Johnson quien mandó a los marines a Santo Domingo, y por ello el país goza de la libertad que hoy disfruta. Por tanto no se olvide de este hecho Mr Trump, y tomando en cuenta el aprendizaje de la historia envíe los marines a Venezuela y destituya a Maduro y si le parece haga lo mismo con Raúl Castro. Con mis mejores deseos de libertad.

III- Cuba y Venezuela la paradoja de la historia

No puedo menos que apreciar la posición adoptada por el nuevo secretario de la OEA Luis Almagro respecto a la situación en Venezuela. Evidentemente el organismo ha dado un paso hacia delante en defensa de la libertad, decididamente contrastante con el que fuera bajo la dirección del chileno José Miguel Insulza. Al respecto recuerdo que cuando la OEA decidió echar a Honduras de la OEA por haber destituido a su presidente, Insulza con el apoyo de Estados Unidos le pidió a Fidel Castro que entrara en la OEA. Por supuesto Fidel Castro se negó.

Hoy en Venezuela se encuentra muerta la libertad, y en razón de ello el nuevo secretario de la OEA ha planteado la necesidad de un referendum para que el pueblo decida si el presidente Maduro continúa en el poder. Pero más aun, ha propuesto la obligación del presidente de liberar a todos los presos políticos venezolanos.

Permítanme pasar a un tema preocupante y que a mí me causa la mayor tristeza y desesperanza. Me pregunto cómo se puede ignorar que el llamado socialismo del siglo XXI, no ha sido más que un proyecto venezolano para alcanzar por otra vía el poder absoluto que reina en Cuba. Y digo reina, pues el medio no ha cambiado por el acercamiento con Estados Unidos. Nadie pide que se liberen a los presos políticos en Cuba.

Evidentemente el gobierno venezolano pretende ignorar las propuestas de diálogo del resto del mundo. Y la dictadura prevaleciente se basa en la continuidad del poder absoluto. Por supuesto allí está presente el principio de Maquiavelo: «El príncipe no puede controlar el amor, pero si el miedo». Pensar que Maduro, cuya personalidad y su carácter político es un hecho indiscutible, pueda aceptar un diálogo democrático que lo destituya del poder en nombre del pueblo es, cuanto menos, una candidez política.

En Venezuela prevalece el poder militar en manos de Maduro y su adlátere Diosdado Cabello. Y en el ámbito constitucional el Poder Judicial depende del gobierno. Y como reconociera Adam Smith: «cuando el Poder Judicial está unido al Ejecutivo, la justicia no es más que eso que se reconoce vulgarmente como política». Otro aspecto a considerar en el caso de Venezuela es que, tal como sostiene un movimiento político de jóvenes que me entrevistara recientemente, la oposición también es socialista. Y por supuesto ya debiéramos saber que la dictadura comunista es un proceso político, pero el socialismo es el determinante de la pobreza. Tal fue el caso de Cuba a partir de 1959, cuando el país tenía el nivel de vida más elevado de América Latina, y después Venezuela con la llegada de Chávez y su sucesor Maduro a lo que se ha sumado la caída en el precio del petróleo.

La realidad histórica y filosófica política muestra que cuando los derechos son «del pueblo» se violan los derechos individuales. La economía que creó el sistema político que permitió la libertad en el mundo por primera vez en la historia se basó en la conciencia de la naturaleza humana, y por consiguiente la necesidad de limitar el poder político. Y como bien señala David Hume: «El problema no son las mayorías sino las asambleas que pretenden representarlas».

Recordemos entonces que como bien dijera Séneca: «Para el que no sabe dónde va, nunca hay viento favorable». Y éste es el problema que existe hoy en el mundo, incluido los Estados Unidos, donde todo parece indicar que se ignoran los principios de los *Founding Fathers*. También que el embajador americano en Venezuela Michael Fitzpatrick exigió la liberación de los presos políticos, denunció el bloqueo a las iniciativas de la Asamblea Nacional y dio un respaldo al referéndum revocatorio contra Maduro. Todo ello al tiempo que Obama visita a Raúl Castro en la Habana y se permiten los vuelos entre Cuba y Estados Unidos.

Y para terminar cito nuevamente a José Martí: «Ver con calma un crimen, es cometerlo».

IV- Martí vs Sarmiento

Conforme a la obra de Roberto Fernández Retamar, Sarmiento se habría referido José Martí en los siguientes términos:

«Una cosa le falta a don José Martí para ser un publicista [...] fáltale regenerarse, educarse, si es posible decirlo, recibiendo del pueblo en que vive su inspiración, como se recibe el alimento para convertirlo en sangre que vivifica [...] Quisiera que Martí nos diera menos Martí, menos español de raza y menos americano del Sur, por un poco más del yankee, el nuevo tipo del hombre moderno [...] Hace gracia oír a un francés del *Courrier des États-Unis* reír de la beocia y la incapacidad política de los yankees, cuyas instituciones Gladstone proclama como la obra suprema de la especie humana. Pero criticar con aires magisteriles que ve allí un hispanoamericano, un español, con los retacitos de juicio político que le han transmitido los libros de otras naciones, como queremos ver las manchas del sol con un vidrio empañado, es hacer gravísimo mal al lector, a quien llevan por un campo de perdición [...] Que no nos vengan, pues, en su insolente humildad, los sudamericanos, semi-indios y semi-españoles, a encontrar malo (...)»

Sarmiento había tomado conciencia de la naturaleza humana y en función de ella valora el sistema americano a través de las decisiones del juez John Marshall, al que cita en sus Comentarios a la Constitución de 1853 y así también a Blackstone. Por tanto considera que dado que la Constitución argentina se basaba en el sistema federal que rige la Constitución americana se debe aplicar las doctrinas de los estadistas y jurisconsultos americanos y las decisiones de sus tribunales.

Fue a partir de la aplicación de esos principios constitucionales que Argentina dio un salto cuántico en la historia. Ya al finalizar en 1874 el primer período de su mandato en el discurso ante el Congreso reconoce lo que se ha logrado en materia educacional y económica. Y al mismo tiempo en el ámbito de lo que hoy llamamos globalización dice: «Vivimos felizmente en un siglo en el que mil antecedentes preparados por el trabajo y las conquistas de la humanidad entera puedan ejercer su influencia benéfica sobre un país dado, siempre que éste se halle preparado para recibirlas y aplicarlas».

En las palabras citadas Sarmiento por supuesto defiende la posición claramente expuesta en múltiples oportunidades de la sabiduría de la estructura política americana, que habría logrado ya en esa época superar a Europa. Y en sus *Viajes* en carta a Alsina escribe: «Vengo de recorrer Europa, de admirar sus monumentos, de posternarme ante su ciencia, asombrado todavía de los prodigios de sus artes; pero he visto sus millones de campesinos, proletarios y artesanos viles e indignos de ser contados entre los hombres. El contraste es elocuente.» Y seguidamente en una observación moral relevante respecto a Estados Unidos dice: «Así pues la libertad y la igualdad producen aquellos defectos morales que no existen tan aparentes en otras partes, porque el derecho de la nación está inhabilitado para manifestarlos". Así Sarmiento en su pensamiento trasciende a la libertad en términos kantianos, y se adelantó a Friedrich Hayek, al postular que sólo hay moral donde es posible la licencia. Así Hayek en su *Camino de Servidumbre* dice: «Lo que nuestra generación está en peligro de olvidar, es que no solamente la moral es necesariamente un fenómeno de la conducta individual, pero también que sólo puede existir en la época en la cual el individuo es libre de decidir por sí mismo y se dispone a sacrificar la ventaja personal a la observación de una regla moral. Fuera de la época de la responsabilidad individual no hay bondad ni maldad, tampoco oportunidad para el mérito moral ni de probar convicción de sacrificar el deseo propio a lo que se considera correcto. Solamente cuando somos nosotros mismos responsables de nuestros propios intereses y libres de sacrificarlos, nuestra decisión tiene un valor moral».

Fue la posición favorable a Estados Unidos la que Roberto Fernández Retamar considera como de un cipayo favorable al imperialismo o sea a la explotación de sus propios pueblos. Más aún, acusa a Sarmiento de racista, en tanto que encomia a Martí por su concepción de que las razas no existen. Por ello dice: «Sarmiento tan vehemente en el elogio como en la invectiva, coloca aquí a Martí entre los semi-indios, lo que era en el fondo cierto y para Martí enorgullecedor, pero que en boca de Sarmiento ya han visto lo que implica».

Lo que Fernández Retamar ignora, o pretende ignorar pues aparentemente ha leído la obra de Sarmiento *Conflictos y Armonía de las razas de América,* es que Sarmiento al hablar de razas no las considera en esos términos, sino culturalmente o si se quiere por el grado de civilización. Así en la obra citada dice: « ¡Abrid nuestras constituciones, nuestro derecho civil! ¡El extranjero no existe! ¡Las razas no existen! ¡Las clases no existen! ¡ La nación la constituyen actos deliberados del pueblo, representado en asambleas, y hay en sus bases y condiciones constancia escriturada, porque es la inteligencia y la voluntad las que constituyen la asociación y no la tierra ni la sangre!»

V- Las elecciones y la historia Argentina

Los resultados de las recientes elecciones argentinas representan la derrota de Rosas y el triunfo de Urquiza en Caseros que, conforme a las ideas de Alberdi y Sarmiento, llevaron a la Argentina por las cimas de la historia. Y al respecto por tanto todo parece indicar que Macri representa el proyecto de restauración argentina que basado en las ideas que cambiaron al mundo produjo libertad y riqueza por primera vez en la historia.

Como muy bien lo expresa Richard A. Epstein en el *Cato Policy Report*: «Los principios personificados en la Constitución Clásica Liberal no son aquellos que operan solamente en esta o aquella era. Ellos son los principios para todas las eras». La Argentina es una prueba histórica de la realidad de esa observación. Fue el tercer país del mundo en poner esas ideas en ejecución a partir de 1853 y consecuentemente dio un salto cuántico en la historia, pasando de ser uno de los países más pobres en la época de Rosas a uno de los primeros países del mundo a principios del siglo XX. Así alcanzó a tener un ingreso per cápita mayor que el de Italia, de Francia y de Alemania.

En aquella oportunidad se produjo primero el acuerdo de San Nicolás y Urquiza pasó a ser presidente y se estableció la Constitución de 1853. Y en 1859 se pactó el Acuerdo de San José de Flores con Mitre y se hicieron los cambios en la Constitución requeridos por Buenos Aires.

He hecho este recuerdo histórico pues como reconociera David Hume, la historia es un aprendizaje. Por ello ya Macri se ha manifestado dispuesto a negociar con la oposición y los peronistas. Por supuesto en aquella oportunidad Rosas fue descartado de los acuerdos, y por tanto queda asimismo definida la situación de Cristina Kirchner tal como ella se ha manifestado públicamente al respecto. Pero esa división del partido peronista es un factor positivo para lograr poner en práctica la política que se requiere para superar los 70 años de retraso que ha padecido la Argentina desde la llegada de Perón.

Al respecto vale recordar que las nacionalizaciones de Aerolíneas Argentina y de YPF constituyeron una violación paladina del artículo 17 de la Constitución Nacional. Hoy según la información pública Aerolíneas tiene pérdidas cuantiosas. Por otra parte el juicio de reclamación al gobierno por la nacionalización de YPF lleva 20 años sin decisión judicial. Y recordemos a Alberdi: «La propiedad, la vida y el honor son bienes nominales cuando la justicia es mala».

Otro aspecto es el reconocimiento de las relaciones con Estados Unidos y el mundo. Es decir el reconocimiento de la Constitución Liberal y el cumplimiento de sus leyes en función del poder judicial, pues como dijo Adam Smith: «Cuando el judicial está unido al poder Ejecutivo es escasamente imposible que la Justicia no sea frecuentemente sacrificada a lo que vulgarmente se denomina política». Esa situación se vivió durante el gobierno de los Kirchner, y todo parece indicar que durante el gobierno de Macri se estaría corrigiendo.

O sea Macri en su proyecto al igual que Urquiza está superando un círculo vicioso que en el orden político ha prevalecido en Argentina por más de 70 años, y apunta a recuperar a la Argentina que fue. En ese sentido es casi sorprendente que haya iniciado este proceso político enfrentado a un mundo viciado por la izquierda en nombre de la falacia de la igualdad para lograr la desigualdad del poder político. Ese proceso en Argentina ha implicado la violación de la Constitución Nacional, supuestamente en nombre del pueblo.

El problema más grave que enfrenta Macri en el ámbito económico es el elevado nivel del gasto público, que conforme a nuestras estimaciones en el 2016 alcanzó al 51.0% del PBI. En ese año el gasto nacional alcanzó al 34,65% del PBI. Evidentemente Macri ha tomado conciencia de esa realidad y consecuentemente en el presupuesto del 2017 ha propuesto una rebaja del gasto nacional de un 13,78% respecto al 2016.

La última noticia al respecto es que la Sra. Vidal estaría intentando hacerlo en Buenos Aires. Por tanto a insisto en el hecho de que el aumento del gasto público es un factor determinante de la tasa de inflación. Al respecto voy a repetir las palabras de George Gilder: «No es principalmente el déficit federal la causa de la inflación. Si el déficit fuese cerrado con tasas de impuestos más altas, y la oferta monetaria se mantuviera constante, el nivel de precios subiría en la forma ortodoxa de la ley de costo".

No obstante las dificultades que se enfrentan, la economía parece estarse recuperando en alguna medida. Esa evolución positiva solo se puede explicar en función de la confianza creada por Macri con la restructuración de la seguridad jurídica y la filosofía política planteada. Y la consecuencia de esa confianza se manifestó en los resultados de las recientes elecciones. Igualmente es un hecho que Macri ha tomado conciencia de la necesidad imperiosa de reducir el gasto público, y así se lo ha requerido también a las provincias. Y otro factor favorable y que facilita la evolución de la política es la caída en el nivel de desempleo.

VI- Argentina y los Estados Unidos

No me voy a referir a los errores antes y después del tiempo en que Argentina pasó de ser uno de los países más pobres del continente a estar entre los países más ricos del mundo. Voy a comenzar por recordar las palabras sabias de Alexis de Tocqueville en su obra *El Antiguo Régimen y la Revolución*. Allí escribió dos principios que considero viales: «Las tierras producen menos en razón de su fertilidad que de la libertad de sus habitantes». Y seguidamente dijo: «Hasta tal punto son más fuertes los vicios del sistema que la virtud de quienes lo practican».

Fue habiendo tomado conciencia de esa realidad, y por supuesto basados en el pensamiento de Locke y de Hume que los *Founding Fathers* dieron a luz el sistema que transformara al mundo, siguiendo los pasos de la *Glorious Revolution* de Inglaterra. Ese fue el liberalismo, que se funda en el reconocimiento de la naturaleza humana. Como bien señala William Bernstein en *The Birth of Plenty*, hasta hasta 1800 el mundo vivía como vivía Jesucristo.

Es indudable que la libertad y la riqueza en el mundo comenzaron a partir del sistema que los *Founding Fathers* denominaron The *Rule of Law*, que tenía como principios fundamentales la limitación del poder político y el respeto por los derechos individuales: a la vida, la libertad, la propiedad y el derecho a la búsqueda de la propia felicidad. Este último derecho como lo reconociera Locke es el principio fundamental de la libertad. Este principio se encuentra implícito en el artículo 19 de la Constitución Argentina. Al respecto Alberdi escribió: «Las sociedades que esperan su felicidad de la mano de sus gobiernos, esperan una cosa que es contraria a la naturaleza».

Increíblemente Argentina fue el segundo país del mundo en implementar ese sistema. Y dije increíblemente pues hasta 1853 Argentina era uno de los países más pobres del continente, y a principios

del siglo XX, como reconoció *The Economist*, había logrado un
ingreso per cápita mayor que el de Francia, Italia y Alemania. O sea
era uno de los países más ricos del mundo. Por ello igualmente com-
petía con Estados Unidos por la inmigración, y así pasó de tener una
población de unos 800.000 habitantes en 1853 a tener más de 6
millones a principios del siglo XX.

Ese proceso ocurrió bajo la égida de la de la denominada generación del '37, formada por Alberdi, Sarmiento, Mitre y Urquiza. Fue
el pensamiento de Sarmiento y de Alberdi el que determinara el
proceso político que siguiera los pasos del de Estados Unidos. Así Sarmiento en su *Comentarios de la Constitución de la Confederación Argentina* escribió: «Eureka pudimos exclamar no en relación a nosotros,
sino con respecto al Congreso, por cuanto es en efecto, el Congreso,
quien ha señalado y abierto un camino anchísimo, al adoptar no sólo
las disposiciones fundamentales de la Constitución de Estados
Unidos, sino la letra del preámbulo y y de gran número de sus disposiciones constituyentes»: Y siguiendo en esa tendencia siguió escri-
biendo: «Sirva esta simple comparación para mostrar lo que nos
hemos propuesto en los *Comentarios de la Constitución de la Confederación Argentina* que principiamos, y es aplicar al texto de sus cláusulas
las doctrinas de los estadistas y jurisconsultos norte-americanos y las
decisiones de sus tribunales». Al respecto había igualmente predicho:
«Sólo la Inglaterra y los Estados Unidos tienen instituciones fundamentales que ofrecer como modelo al mundo del futuro».

El proceso que permitió la imposición en Argentina del *Rule of
Law*, se debió a Justo José de Urquiza. Por ello podemos decir que la
libertad se la debemos a la batalla de Caseros, por la cual Urquiza de-
rrotó la dictadura de Rosas, que postulaba el principio de «Religión
o Muerte». Y por ello Alberdi también rescató el principio de la libertad religiosa tal como fuera reconocido primeramente por Locke.
Así Alberdi dijo: «La libertad religiosa es tan necesaria al país como
la misma religión católica ... Perseguir Iglesias que enseñan la doctrina
de Jesucristo ¿Es cosa que tenga sentido? Por ello igualmente Argentina fue uno de los primeros países del mundo en tener libertad
religiosa, no obstante que no había multiplicidad de sectas como en
Estados Unidos.

La existencia de la Argentina se le debe a Urquiza que pactó con
Mitre. En el acuerdo de San José de Flores se acordaron las reformas

introducidas en la Constitución por la Provincia de Buenos Aires. Después durante la Guerra de la Triple Alianza también acordó con Mitre y Sarmiento y en contra de la posición de los líderes provinciales que se oponían a Buenos Aires Ello le costó la vida pues los provincianos lo consideraron un traidor. Ya debiéramos saber la importancia de las ideas y la política que las pone en práctica. Y este hecho está reconocido por Alberdi cuando escribió: «La patria es libre cuando no depende del extranjero, pero el individuo carece de libertad en cuanto depende del Estado de un modo omnímodo y absoluto». O sea que la independencia argentina se debe a San Martín, y la Libertad a Urquiza.

Igualmente Alberdi consideraba que Estados Unidos era un líder de la libertad y así dijo: «Sin Inglaterra y Estados Unidos, la libertad desaparecería del mundo». Y adelantándose a Ayn Rand respecto al egoísmo dijo: Los pueblos del Norte no han debido su opulencia y grandeza al poder de sus gobiernos, sino al poder de sus individuos. Son producto del egoísmo, más que del patriotismo. Haciendo su propia grandeza particular cada individuo contribuyó a labrar la de su país».

Es igualmente increíble el adelanto del pensamiento de Alberdi respecto a los principios que determinaron el sistema que cambió al mundo y así dijo: «Hasta aquí el peor enemigo de la riqueza del país es la riqueza del fisco» y «El ladrón privado es el más débil de los enemigos que la propiedad reconozca [...] Ella puede ser atacada por el Estado en nombre de la utilidad pública». O sea Alberdi se había percatado hace más de ciento cincuenta años de la problemática que enfrenta el mundo contemporáneo, con la Argentina incluida, que es el elevado nivel del gasto público que como ya he escrito en anteriores oportunidades, determina la caída en la inversión y consecuentemente del crecimiento económico.

Igualmente, siguiendo con el pensamiento que determinó la creación del *Rule of Law* y que se funda en el rol fundamental que tiene el poder judicial y que los americanos denominan el *Judicial Review*, que significa tal como dijo el Juez Marshal: «Todo gobierno que ha creado una Constitución la considera la ley fundamental. Por tanto toda ley contraria a la Constitución es nula. Y es la función y el deber del poder judicial el decir que es la ley». Alberdi al respecto dijo: «La propiedad, la vida, el honor, son bienes nominales cuando la justicia es mala. No hay aliciente para trabajar en la adquisición de bienes que han de estar a merced de los pícaros».

O sea la seguridad jurídica es un principio fundamental , y ese es el problema que evidentemente se violó a partir de la llegada de Perón a la Argentina y por supuesto la expropiación de Aerolíneas Argentina y de YPF durante la administración de los Kirchner constituye una violación del artículo 17 de la Constitución Argentina. Igualmente cuando el gasto público se eleva al 50% del PBI, de hecho se está violando el derecho de propiedad, o sea el artículo 17 al que nos referimos.

He hecho todas estas citas pues como dije antes las ideas son fundamentales para decidir el camino político a seguir. Como dijo Séneca: «Para el que no sabe a donde va, no hay viento favorable». Y las ideas que compusieron el *Rule of Law*, ignoradas en gran parte del mundo, son trascendentes. Como reconociera Richard Epstein en su artículo *The Classical Liberal Constitution*, publicado por el *CATO institute*: «Los principios contenidos en la clásica constitución liberal no son aquellos que funcionan en esta o en aquella era. Ellos son los principios de para las eras».

El reciente acuerdo de Macri con Trump implica a mi juicio un primer paso en el camino de la grandeza argentina en función del liberalismo trascendente en el *Rule of Law*. Esperemos tener éxito en ese proceso, no obstante las dificultades que se enfrentan en la actualidad. Ellas fueron recientemente heredadas del gobierno de los Kirchner, pero revelan igualmente la lamentable trascendencia política del peronismo, que entronizó el fascismo en la Argentina, y la violación de la Constitución de 1853-60. Y más aun se enfrentó con Estados Unidos en la Segunda Guerra Mundial.

VII- Las Relaciones Internacionales de América Latina

En una reciente entrevista el Secretario de Estado de Estados Unidos Rex Tillerson advirtió que Rusia y China están asumiendo una relación traumática en América Latina, y urgió a los poderes regionales a trabajar con Estados Unidos. En los momentos que estamos viviendo esa advertencia es absolutamente errónea, y más aún con la política a seguir de Mr. Trump respecto al comercio internacional.

Creo que es importante reconocer que la Rusia de Stalin ha sido superada con el advenimiento de Putin, y la China de Mao Tse Tung fue superada notablemente con el advenimiento de Deng Xiaoping, y en esa dirección con algunas variaciones continúa Xi Jinping. Voy a insistir entonces en un tema trascendente que parece ser ignorado por Mr. Tillerson. Por ello insiste en considerar que Rusia y China como poderes imperiales que hacen beneficios sólo a su propio pueblo. Recuerde Mr. Tillerson, «América First».

Esa observación igualmente ignora que las relaciones económicas son la antítesis de la guerra, pues son determinadas por un interés común. Fue en reconocimiento de esa realidad que Estados Unidos al final de la segunda Guerra Mundial envió a Europa el Plan Marshall, con el objeto de recatar las economías europeas especialmente Alemania. Y lo mismo hizo para rescatar la economía japonesa.

Igualmente la inversión extranjera beneficia al que invierte y al país donde se invierte. Respecto a la negativa de Mr. Tillerson de reconocer esa realidad, nos encontramos que pareciera que concuerda con Lenin que en *Imperialismo, Etapa Superior del Capitalismo* escribió: «En tanto el capitalismo reconozca lo que es, el excedente del capital será utilizado no con el propósito de elevar el nivel de vida de las masas en un país dado, porque esto significaría una declinación de las ganancias de los capitalistas, sino con el propósito de aumentar las ganancias exportando capital a los países retrasados».

Insistiendo con la guerra voy a repetir el pensamiento de Alberdi cuando escribió: «Las guerras serán más raras en la medida que sus efectos se hagan sentir entre los que las declaran y las incitan». Como ya he reconocido en anteriores oportunidades, eso fue lo que ocurrió con la invención de las armas nucleares, que como bien reconociera Juan Pablo II: No son bélicas, son disuasorias». Y recientemente Putin dijo: Una guerra con Estados Unidos es lo último que quiero hacer».

Pero sigue Tillerson diciendo que el sistema de desarrollo de la China es un «recuerdo del pasado». Ese juicio es igualmente empíricamente equívoco. Fue sólo hace unos doscientos años que se desarrolló el sistema que cambió la historia del mundo. Y créase o no es el sistema que China ha estado implementando, si se quiere desde el poder absoluto. Recordemos que en Estados Unidos los *Founding Fathers* criticaron ética y políticamente la democracia, y hasta 1918 no votaban las mujeres, ni los negros ni nadie que no tuviera un determinado nivel de ingreso.

Si la China no hubiese aceptado los principios económicos de ese sistema no estaría recibiendo un 40% de la inversión extranjera. Y por consiguiente no habría estado creciendo a las tasas que ha crecido y convertido en la segunda economía mundial. En tanto que la Unión Europea en función del socialismo democrático no crece. Proceso que había sido previsto por Eduard Bernstein en discusión con Lenin y reconoció que el socialismo se podía sin revolución y democráticamente.

Siguiendo con el pensamiento de Mr. Tillerson dijo: «La práctica del comercio injusto determina el costo de trabajos locales». Esa es otra observación falaz y que aparentemente forma parte del pensamiento de Mr. Trump. Él ha ignorado que el problema pendiente han sido las políticas latinas de sobrevaluación monetaria. Y en Argentina lo hemos vivido repetidas veces y lamentablemente lo estamos viviendo.

El problema de Rusia lo plantea en otros términos, vuelve sobre la problemática de la guerra y así sostiene que Rusia le vende armas a gobiernos que no respetan principios democráticos. Ése no es un problema pendiente hoy en América Latina sino que se presenta en el sudeste asiático y el mundo musulmán. Particularmente el cao de Siria Por supuesto entre países que no tienen armas nucleares.

Otro pensamiento con el que sí concuerdo es el referido al gobierno de Maduro en Venezuela, que considera un régimen corrupto y hostil. Mi única diferencia al respecto es que al tiempo que se critica a Venezuela, se ignoran los crímenes de los Castro y la pendiente falta de libertad en Cuba. O sea se pacta con Raúl Castro, que es la expresión dada de un régimen totalitario. Y esa ignorancia no se limita a Tillerson sino que se extiende por Europa y América Latina.

Asimismo coincido con Tillerson en su criterio respecto al embargo de Estados Unidos a Cuba. Esa decisión no ha tenido otro efecto que justificar al régimen castrista frente al supuesto imperialismo americano. Por tanto se ignora que el hambre en Cuba no se debió al embargo, que la izquierda denomina erróneamente bloqueo. El hambre se debió al sistema comunista instaurado que comenzó por eliminar la propiedad privada en Cuba.

Las presiones económicas no cambian la historia de los regímenes totalitarios. Tan sólo pesan sobre los pueblos que las padecen. El embargo y el acuerdo de Kennedy con Khruchev de entregar a Cuba a la órbita soviética lo considero el pecado capital de la política internacional americana. Política que continuara con el acuerdo de Obama con Raúl Castro.

Voy a insistir entonces en otro aspecto en el que comparto el criterio de Macri. Las relaciones con Estados Unidos no son una alternativa a Rusia y China sino que son complementarias. Por esa razón en su reciente visita a la Argentina en su reunión con Macri se llegó a un acuerdo con Estados Unidos. Pero valorando al respecto las inversiones chinas en Argentina no pueden menos que ser beneficiosas. No puede olvidarse que la China tiene el mayor superávit comercial con la Argentina.

Para terminar me voy a referir al problema de la droga, y me voy a permitir un planteo inusitado. Ya debiéramos saber que el 80% de toda la droga que se consume en el mundo, se consume en Estados Unidos. Y Estados Unidos tiene una experiencia que debiera constituir una enseñanza. La venta de alcohol estaba prohibida constitucionalmente en Estados Unidos hasta que se percataron de la inconsecuencia de esa decisión y la derogaron constitucionalmente. Desde mi punto de vista el consumo de droga es un error personal, pero evidentemente su prohibición no lo impide y por el contrario se crea el negocio más rentable y más criminal de la historia.

VIII- Crisis y expectativa

La crisis del equilibrio del tipo de cambio ha producido una reversión de las expectativas económicas argentinas. El hecho de la reciente reinserción de Argentina como país mercado emergente ha también contribuido a esa reversión y la Bolsa incrementó los precios en un promedio del 6%. Igualmente esa tendencia ha sido influenciada por el acuerdo con el FMI que incluye un préstamo de u$s 50.000 millones. O sea la crisis se percibe como una solución, pues lamentablemente las noticias al respecto del aumento del precio del dólar han ignorado el hecho de que ese proceso lo que produjo fue la recuperación del tipo de cambio de paridad.

En esta realidad nos encontramos nuevamente ante la expectativa de la problemática existente con antelación a la devaluación del peso, que ha sido considerada como una crisis. Insistimos en que hay que olvidar la teoría de que es la devaluación la que genera inflación. De incluir esa tesis en la política a seguir en el próximo semestre para intentar reducir la inflación, se provocaría nuevamente la revaluación del peso. Ya he insistido permanentemente en que el factor determinante de la inflación argentina en los últimos años ha sido la expansión del gasto público.

Volviendo entonces al tipo de cambio, es imprescindible que no se intente controlarlo pues ello causaría nuevamente la revaluación del peso. Si la inflación en la segunda mitad del año continúa la tendencia de los primeros seis meses alcanzaría al 32,85%. Por tanto si el tipo de cambio se mantiene en los niveles a que ha retrocedido en los últimos días de $27,50 por dólar, el peso al final del año estaría nuevamente revaluado 18,11%.

Por el momento hay percepciones favorables respecto a la economía argentina, pero hasta ahora en el acuerdo con el FMI no está clara cuál es la política a seguir. La Carta del acuerdo con el FMI fundamentalmente propone objetivos pero no los instrumentos de la política a seguir para lograrlos. No se explicita la forma de reducir el déficit del presupuesto a 2,7% del PBI y consecuentemente no define la baja del gasto público. Y con respecto a la baja de la inflación se insiste en la política monetaria, tal como lo había propuesto Sturzenegger.

A nuestro juicio, dada la evolución de la economía argentina en los primero seis meses del año, es difícil prever que sea posible cumplir el presupuesto nacional que se sustentaba en una inflación del 15% y un tipo de cambio de $19 por dólar. En los primeros cinco meses del año el gasto primario nacional alcanza a $1.023.578 millones, que representa un 40% del gasto proyectado del año. Igualmente supera en un 17,5% el nivel del gasto en igual período del año pasado, pero como ya hemos expuesto en nuestro informe anterior los datos del presupuesto al respecto difieren con la información anterior. Y por supuesto seguimos sin contar con la información referente a las Contribuciones Figurativas, y tampoco las correspondientes a las provincias.

Con respecto a la evolución del tipo de cambio disiento en considerarlo una crisis, sino que por el contrario lo considero un hecho fundamental para lograr el equilibrio de la economía argentina. En diciembre pasado cuando el tipo de cambio era de $17,6 por dólar, el peso se encontraba revaluado en un 41%. Y esa situación era imprescindible corregirla para evitar el crecimiento del déficit comercial argentino que en virtud de la sobrevaluación del peso en los primeros cinco meses del año había alcanzado u$s 4.691 millones que representa dos veces y media el registrado en igual período del año pasado.

Es posible, no obstante, que dada la seguridad jurídica alcanzada por la política nacional, y complementada con el acuerdo con el FMI y las relaciones de Macri con Trump y otros países europeos y con Brasil y Chile, se facilite un aumento de la inversión, que es el requisito fundamental del crecimiento económico. Igualmente la recuperación del tipo de cambio de paridad habrá de tener un impacto favorable en la inversión en el sector agrícola. En ese sentido sería importante que el gobierno, en lugar de considerar públicamente que la devaluación entraña una crisis, la considere como un factor favorable de la política económica que apunta a lograr la recuperación del equilibrio de la economía argentina.

El otro factor preponderante de la política a seguir respecto a la inflación es la política monetaria y las tasas de interés. Al respecto voy a insistir en la importancia del pensamiento de George Gilder, que escribió: «Antes o después tanto los *liberals* americanos como los laboristas británicos van a descubrir que las restricciones monetarias son una forma maravillosa de destruir al sector privado dejando al gobierno incólume y ofreciendo pretextos para nacionalizar la industria. Dado que el gobierno se ha convertido en un factor de producción, la única forma de disminuir su impacto en los precios, es reduciendo su tamaño o incrementando su productividad».

Lamentablemente, como ya explique en anteriores informes, no existen datos para conocer el nivel del gasto público consolidado (Nación y provincias). Los datos referentes al Gasto Nacional difieren con los anteriores y tampoco está explicada la razón de ser de esa diferencia, como para no tener en cuenta el nivel de las Contribuciones Figurativas. Como bien había señalado Milton Friedman: «Sin reducción del gasto, la reducción nominal de impuestos meramente disimula más que reduce la carga». Y dicho sea de paso recordemos igual la teoría de Laffer conforme al cual la rebaja en el nivel de los impuestos aumenta la recaudación.

Por supuesto también tenemos que tener en cuenta el impacto de la tasa de interés cuando supera la tasa de retorno del capital. Según la última información el Banco Central ha subido la tasa de interés al 47%. Si la inflación siguiera la tendencia de los primeros seis meses, en el año alcanzaría al 32,85%. La tasa real de interés alcanzaría al 10% anual. Si la inflación en el año se redujera al 25%, la tasa real de interés alcanzaría al 17,6%. Tasa que sería destructiva para el sector privado, como lo señala George Gilder. Pero pasando al dólar es importante insistir en la necesidad de ajustar el tipo de cambio de acuerdo a la inflación.

En la actualidad la situación es diferente. Si tomamos en cuenta las tasas de interés pasivas y activas correspondientes al mes de diciembre pasado, todas serían negativas en términos reales. Y por otra parte si tomamos en cuenta la devaluación del peso, el equivalente en dólares de esas tasas también serían negativas. La situación es algo diferente respecto a algunas tasas activas tales como los Adelantos en Cuenta Corriente y los Préstamos Personales que fueron 34,14% y 42,1% respectivamente. Ello explica que los préstamos al sector privado aumentaron entre diciembre del 2017 y marzo del 2018 un 14,65%.

CONCLUSIONES

Hemos visto que la situación es compleja y que existen factores negativos y factores positivos. El factor negativo por antonomasia sigue siendo el nivel del gasto público. Al respecto parece ser que Macri ha tomado conciencia, y por ello está intentando pactar con los gobernadores para reducir el gasto provincial. Por otra parte si el gasto no lo aumenta por encima del presupuestado en los próximos meses, el Gasto Nacional se reducirá en términos reales y también respecto al nivel del PBI.

Otro aspecto importante es reconocer que la devaluación lejos de constituir una crisis es un factor fundamental en el proyecto de reducir el desequilibrio económico argentino. También es un factor favorable la visión externa de La Argentina, que determina una mayor probabilidad de incrementar la inversión extranjera. Por supuesto es importante que esa inversión no sea financiera, que podría tender a revaluar el peso sin producir un aumento del crecimiento económico.

Otro factor importante favorable es el préstamo del FMI. La financiación del déficit fiscal con moneda extranjera tiene un efecto favorable, pero también depende de la política a seguir al respecto. La entrada de capitales reduce la necesidad de expandir la oferta monetaria, por tanto evita el efecto inflacionario de la misma. Pero al mismo tiempo es importante que no se use para evitar la devaluación del peso. Es importante que de acuerdo con el éxito relativo en la reducción de la inflación el tipo de cambio se mantenga en esa línea y no insistir en la política de evitar la devaluación como instrumento para reducir el nivel de precios.

Por último, todo parece indicar que la Argentina tiene hoy una mejor imagen externa que internamente. Es un hecho evidente que superar políticamente la inminencia negativa del peronismo ha sido, y aparentemente continúa pareciendo, un proyecto imposible. Y concluyo, sólo esa superación hace posible que Argentina vuelva a ser lo que fue, Alberdi y Urquiza mediante.

IV Democracia y República

I- Democracia, Liberalismo y Confusión

No puede menos que preocuparme la confusión que aparentemente reina en el mundo sobre el concepto de democracia, y en consecuencia respecto al liberalismo. En un reciente artículo de *Foreign Affairs* referido a la evolución de la democracia en el mundo percibo una vez más la confusión del régimen político americano con «la democracia». Ello implica a mi juicio ignorar los principios expuestos por los *Founding Fathers* en *The Federalist Papers*. Algo similar ocurre en otro artículo referido al liberalismo en el mundo, al que también me voy a referir.

Voy a comenzar entonces con una cita de Thomas Jefferson quien dijo: «Un despotismo electivo no es el gobierno por el que luchamos». Voy a insistir en un tema que considero fundamental para entender el mundo en que vivimos y cuáles fueron sus determinantes. En ese sentido voy a repetir que no fue el supuesto «sistema democrático» el que lo produjo. Ese mundo comenzó en Inglaterra con la *Glorious Revolution* de 1688, bajo el gobierno de William of Orange, holandés casado con la hija del derrocado rey James II.

Allí comenzó el proceso liberal, que transformó al mundo a partir de las ideas de John Locke al respecto de reconocer la naturaleza humana, limitar las prerrogativas del rey, y garantizar el respeto por los derechos de propiedad y de búsqueda de la felicidad. Este último era considerado por Locke como el principio fundamental de la libertad. Al respecto Jean François Revel escribió: «Las tierras producen menos en razón de su fertilidad que de la libertad de sus habitantes».

Esos principios fueron llevados a su última consecuencia en Estados Unidos, donde los *Founding Fathers* reconocieron el pensamiento descalificatorio de Aristóteles acerca de la democracia como la destrucción de la república. Así comenzando con la Carta I de *The*

Federalist Papers Alexander Hamilton dice: «Una peligrosa ambición más a menudo yace detrás de la especiosa máscara del celo por los derechos del pueblo». Al respecto James Madison en la Carta 10 siguiendo esa tendencia escribió: «Una pasión o interés común en casi todos los casos es sentida por una mayoría del total; una comunicación y concierto resulta de la forma misma del Gobierno; y no hay nada para detener el incentivo para sacrificar al partido más débil o a un individuo detestable».

He hecho estas citas para mostrar que el sistema político americano que surgió de la Constitución de 1787 es contrario a la idea pertinaz hoy de reconocer la democracia en el mero hecho de que el pueblo pueda elegir al gobierno. Otro aspecto fundamental de ese sistema político fue señalado también por Madison en la Carta 51, donde tomó conciencia del pensamiento de David Hume al respecto de la naturaleza humana y dijo: «Si los hombres fueran ángeles no sería necesario el gobierno y si fueran a ser gobernados por ángeles o sería necesario ningún control interno o externo al gobierno». La idea subyacente en esa observación fue la que determinó el *Judicial Review* como la forma de controlar al gobierno, resultante en primera instancia del pensamiento de Hamilton expuesto en la Carta 78 donde determinó: «Ninguna ley contraria a la Constitución puede ser válida».

Esa disposición fue reconocida por el juez John Marshall en el caso Marbury vs. Madison al decidir: «Todos los que han enmarcado constituciones escritas las contemplan como formando la ley fundamental y principal de la nación y consecuentemente la teoría de todos esos gobiernos debe ser que toda ley de la legislatura repugnante a la constitución es nula. Es enfáticamente el ámbito y el deber del departamento de justicia decir qué es la ley».

Esos son los principios liberales en que se basó el sistema político de Estados Unidos llamado *Rule of Law*.

Lamentablemente en Estados Unidos estos principios se reconocen no como «liberalismo» sino como «conservadorismo», lo cual es otorgarle otra ventaja ética a la izquierda, que por supuesto descalifica a los conservadores por estar a favor de los ricos. Demás está decir que ese sistema ha sido ignorado históricamente en la Europa continental , y abandonado en Inglaterra con el advenimiento del Primer Ministro laborista Clement Attlee después de la segunda guerra mundial.

No obstante esa realidad el artículo al que me refiero habla de un concepto de «liberalismo mundial» dirigido por Estados Unidos, y que estaría desapareciendo esa función con el advenimiento de Trump. Independientemente de los conceptos respecto a la política confusa de Trump, es un hecho indubitable que en la Unión Europea reina el socialismo, pues como escribiera Ayn Rand «las filosofías políticas angloamericana y la franco-germánica son tan diferentes como el día y la noche». Por ello permítanme decir que en la Segunda Guerra Mundial se produjo un hecho por primera vez en la historia, y que fue que a los derrotados les benefició más su derrota que una eventual victoria. Perdieron la guerra y ganaron la libertad.

Hoy la tendencia «socialistoide» reina en el mundo occidental se aumenta el nivel del gasto público. Por ello Europa no crece, y lamentablemente es un hecho notorio en la Argentina presente. Permítanme recordar a un argentino ausente pero presente que fue Juan Bautista Alberdi, a quien se le debe que la Argentina a principios del siglo XX, tal como reconociera *The Economist,* mostrara un ingreso per cápita mayor que el de Alemania, Italia y Francia. Alberdi escribió: «Hasta aquí el peor enemigo de la riqueza del país es la riqueza del fisco. El ladrón privado es el más débil de los enemigos que la propiedad reconozca. Ella puede ser atacada por el Estado en nombre de la utilidad pública». Insisto cuando el gasto púbico se acerca o supera el 50% del PBI se está violando la propiedad privada.

Voy a insistir entonces que Marx está presente vía Eduard Bernstein, quien en discusión con Lenin en *Las Precondiciones del Socialismo* escribió: «Al socialismo se puede llegar sin revolución y democráticamente». Al mismo tiempo nos encontramos con la China, que bajo la denominación del comunismo parece haber abandonado a Marx y reencontrado a Locke vía *Las Analectas* de Confucio. O sea ha aceptado el capitalismo desde el poder absoluto y por ello crece a más del 6% por año y se ha convertido en la segunda ecónoma mundial.

La confusión reina en Occidente bajo el realismo de la demagogia, tal cual la describió Aristóteles hace 2500 años. Y para terminar voy a citar a un cubano desconocido Félix Varela quien dijo: «Jamás lo que es injusto será justo porque muchos lo quieran».

Perdón nuevamente por las citas pero las ideas que cambiaron al mundo no cambian, y son las que se ignoran y por ello Richard

Epstein escribió: «Los principios incluidos en la clásica constitución liberal no son aquellos que operan solamente en esta o aquella era. Ellos son los principios para toda las edades».

II- El Rule of Law y la democracia en el mundo

El lenguaje político en el mundo esta lleno de palabras y vacío de conceptos de gobierno. A fin de comprender la presente caótica situación política es más que importante el comprender el significado de las palabras en términos de los principios éticos, implícitos en las mismas, y así como sus implicaciones políticas para asegurar los derechos individuales en una verdadera democracia.

La actual postura ética, de los políticos, los intelectuales y la media se sustenta en la protesta por la desigualdad en la distribución de la riqueza dentro de los países y entre países industriales y países en desarrollo. La discusión política, por tanto, es ética y no económica. Es evidente asimismo que en la medida en que crece la preocupación por el aumento de la pobreza en el mundo, la propuesta es destruir el sistema que creara la libertad individual, la calidad de vida y la prosperidad económica por primera vez en la historia.

Desafortunadamente ese sistema, que fuera denominado «capitalismo» por Marx, aparece éticamente descalificado debido a la supuesta iniquidad de la explotación delos trabajadores por parte de los capitalistas. Nadie aparece para defender ese sistema en términos éticos, ignorando que el denominado sistema capitalista no es un sistema económico, sino ético y político. Se pretende definirlo como economía de mercado, y por supuesto el mercado aparece como el reino del materialismo y el egoísmo, frente al Estado supuesto representante del interés general. Su esencia, no obstante, es la defensa y respeto por los derechos individuales, a la vida, a la libertad, a la propiedad y al búsqueda de la propia felicidad. Esos son los principios fundamentales del *Rule of Law*, cuyo presupuesto fundamental es que las mayorías no tienen el derecho de violar los derechos de las minorías.

Es el concepto político opuesto por definición a la razón de Estado en nombre del Pueblo, que prevalece y ha prevalecido históricamente en la Europa continental.

El derecho del hombre a la búsqueda de su propia felicidad, es fundamental para el establecimiento de un sistema político de libertad. Éticamente significa que los intereses privados no son *per se* contrarios al interés general. Cuando se considera lo contrario, es que hemos aceptado el principio del bien común, que es definido por el gobierno como tal. Consecuentemente no existen límites al poder político, y se pierde la libertad. Por esa razón Ayn Rand sabiamente dijo: «La noción tribal del bien común ha servido como la justificación moral de la mayoría de los sistemas sociales y de todas las tiranías en la historia».

Está presente entonces la equívoca concepción ética de Lenin respecto al Capitalismo, tal como la expresó en *Imperialismo Etapa Superior del Capitalismo*. De conformidad con esa visión, Estados Unidos aparecen como el imperio del mal que a través de la inversión extranjera explota al resto del mundo.

Ese enfoque ético sirve a la demagogia de los políticos en su lucha por el poder político en sus propios países. Así el socialismo, que fuera la denominación que el Iluminismo le diera a la demagogia, es la idea prevaleciente para alcanzar y mantener el poder político.

El ambiente político actual está endurecido por una gran división entre derecha e izquierda. La derecha está por definición éticamente descalificada por representar los intereses de los ricos, en contra de la izquierda que pretende representar el interés de los pobres. Dado que a través de la historia los pobres son más que los ricos, como lo reconociera Aristóteles, es obvio que la democracia en el país se convierte en el reino de la regla de la mayoría, consecuentemente confundida con el socialismo. Como muy bien dijera Alexis de Tocqueville: «Socialismo y concentración de poder son frutos del mismo suelo». La consecuencia es mayor pobreza en ausencia de los derechos individuales. Y permítanme recordar que cuando las necesidades generan derechos (Derechos Humanos art 25) se violan los derechos quienes producen la riqueza que satisface dichas necesidades.

Por último y tal vez más importante, en 1912 Ludwig von Mises escribió: «El problema con el socialismo es que aun aquellos que se le oponen aceptan sus premisas éticas esenciales». Esa es la situación que enfrentamos hoy y por eso es tan importante hacerle conocer al mundo la sabiduría de Trasímaco, cuando en referencia al carácter del hombre dijo: «Su esencia psicológica es simple: él está por obtener lo que quiere, y lo que quiere está estrechamente circunscrito. Poder y placer son sus intereses exclusivos. Pero para obtener lo que quiere este lobo tiene que usar la ropa de la oveja de los tradicionales valores morales. Su mascarada sólo puede ser llevada a cabo poniendo el vocabulario de la moral convencional al servicio de sus propios intereses. Debe decir en las cortes jurídicas y en las asambleas lo que la gente quiere escuchar y así ponen en sus manos el poder [...] él debe tomarlos por los oídos antes de tomarlos por la garganta».

Y por favor tomen en cuenta que el último Nobel de economía les fue otorgado a dos economistas que finalmente se dieron cuenta de que el *Rule of Law* existe.

III- SOCIALISMO Y DEMOCRACIA

VOY A COMENZAR CON UN JUICIO A MI ENTENDER TRASCENDENTE.
Razón y empirismo no son contradictorios sino complementarios.
Al respecto vale recordar que David Hume había reconocido que
la emoción es objetiva y la razón instrumental y falible. Por ello escribió: «Es mi propósito probar primero que la razón sola nunca
puede ser motivo de una acción de la voluntad». Y el empirismo es la
teoría que toma en cuenta la función de la experiencia para
determinar el conocimiento.

Entonces tomando en cuenta las anteriores aseveraciones queda
pendiente una pregunta de trascendencia política. ¿Cómo es posible
ignorar los fracasos económicos del socialismo en la historia, y comprender su éxito político presente? Pasando entonces a la naturaleza
humana y a la historia, debemos saber que el mundo en que vivimos
se debió al sistema político que reconoció la naturaleza humana tal
cual es. Así se produjo una integración del pensamiento de Locke,
Hume y Adam Smith, implementada por los *Founding Fathers* en los
Estados Unidos.

La alternativa pendiente entonces es entre el egoísmo de quienes
generan riqueza y el de quienes la reparten. Al respecto Alberdi escribió: «El egoísmo bien entendido de los ciudadanos es sólo un vicio
para el egoísmo de los gobiernos que personifican a los estados». Ése
es el problema pendiente en el mundo en el que la izquierda, bajo la
falacia de la búsqueda de la igualdad económica, ha quebrado el
sistema que cambió al mundo.

Ese sistema se basó en la limitación del poder político y el respeto
por los derechos individuales a la vida, la propiedad, la libertad y el
derecho a la búsqueda de la propia felicidad. Por tanto podemos ver
que cuando el gasto público aumenta alrededor del 50% del PBI se
está violando el derecho de propiedad. Como bien reconoce Friedrich

von Hayek cuando se incrementan las regulaciones se está violando el libre mercado. Y más aún se está violando el derecho del hombre a la búsqueda de la felicidad que, como reconociera John Locke, es el principio fundamental de la libertad. Por supuesto ante estas circunstancias cae la inversión y consecuentemente el crecimiento de la economía.

Esa situación en gran medida está determinada por la confusión vigente entre la democracia mayoritaria y el sistema denominado *Rule of Law*, que Marx denominara «capitalismo».

Y no olvidemos que la economía es la consecuencia del sistema político y no su determinante. Como ya lo he dicho en anteriores oportunidades la democracia mayoritaria es el camino al socialismo. En este sentido vale recordar a Eduard Bernstein, quien en *Las Precondiciones del Socialismo* escribió: «La democracia es tanto un medio y un fin. Es un arma en la lucha por el socialismo, y es la forma en que el socialismo será realizado».

Ya Aristóteles había prevenido que la democracia era la destrucción de la república y advertido: «Cuidado que los pobres siempre van a ser más que los ricos».

Es en esa disyuntiva entre la igualdad y la libertad que se presenta hoy la situación en Occidente.

Como bien señala Karl Popper «Luché por la igualdad hasta que me di cuenta que en la lucha por la igualdad se perdía la libertad, y después no había igualdad entre los no libres». Este es un hecho indubitable de la alternativa de cómo se manifiesta el interés particular. Esa alternativa como antes dije se encuentra entre quienes generan la riqueza y quienes la reparten. En otras palabras podemos reconocer que la lucha por los pobres en el sistema democrático es el medio de alcanzar el poder político.

Igualmente ya deberíamos saber que cuanto mayor es el gasto público y las regulaciones mayor es la corrupción. Fue conforme a ese proceso que se desarrolló el fascismo que, como bien lo describe Friedrich von Hayek, se origina en la doctrina socialista. Hoy Europa es la prueba manifiesta del desastre de la social democracia. Y permítanme repetir que en la medida que aumentaron el gasto público cayó la tasa de crecimiento económico. No obstante ello es más evidente que en la Unión Europea es imposible ganarles una elección a los socialistas.

Pero otro ejemplo histórico indubitable de esa alternancia ideológica es la Argentina.

Como bien reconociera *The Economist* la Argentina a principios del siglo XX tenía un ingreso per cápita mayor que el de Alemania, Francia e Italia, y era uno de los países más ricos del mundo. Y no fue otro que Perón quien determinó la caída de la Argentina en el mundo. No obstante ello hace más de setenta años que el peronismo continúa siendo el factor determinante de la política argentina. El peronismo fue la introducción del fascismo en la Argentina, e igualmente podemos percibir la alternativa entre los que lo forman. Esa alternativa es igual al socialismo: «Quienes lo creen, y desconocen la realidad histórica, y quienes lo usan para alcanzar el poder político».

Hoy la Argentina diría vive un momento inusitado. En el que el presidente Macri pretende llevar a la Argentina por el camino que la llevara por las cimas de la historia. Pero ya sabemos que: «de buenas intenciones está plagado el camino del infierno». Lamentablemente todo parece indicar que la política económica del gobierno se basa en el supuesto equívoco de que la inflación es un problema monetario, y se ignora que la causa del desequilibrio económico, heredado y presente, es el nivel del gasto público.

Cada vez es más evidente que la política del gobierno con el Banco Central y Sturzenegger a la cabeza se concentra en definir la política monetaria y las tasas de interés. Así también se ignora el retraso cambiario, que estimo en un 28%, y el nivel del gasto público, que de acuerdo a mis estimaciones en el 2017 alcanzó al 53% del PBI.

Evidentemente Macri pretende lograr un aumento en las inversiones como factor determinante del crecimiento económico. En función de ello ha bajado relativamente algunos impuestos, aun cuando se sigue desconociendo el impacto de la inflación en la tasa del impuesto a las ganancias.

Pero recordemos a Friedman que escribió: «El total del impuesto impositivo es lo que el gobierno gasta. Sin bajar el gasto, por tanto, la reducción nominal de los impuestos meramente disimula más que reduce el costo del Estado».

Mantengamos la esperanza de que el gobierno encuentre los medios adecuados para lograr las buenas intenciones.

IV- La izquierda recalentada

Los principios incluidos en la Constitución liberal clásica no son aquellos que operan solamente en esta o aquella era. Ellos son principios para las eras.

RICHARD A. EPSTEIN

VOY A INSISTIR EN UN TEMA QUE CONSIDERO DE LA MAYOR RELEVANCIA, y que es la persistente descalificación del liberalismo como el capitalismo que genera la desigualdad económica y ahora el recalentamiento global.

Persiste pues la ceguera al respecto de esa ignorancia colectiva y descalificación ética que surge desde la izquierda.

Recordemos a Ramón de Campoamor: «En este mundo traidor nada es verdad ni es mentira, todo es según el color del cristal con que se mira». Y a mi juicio el cristal prevaleciente es rojo, a través del cual se miente contra el liberalismo a favor del pueblo o de la Nación.

Nacionalismo y socialismo son hermanos de la historia.

Esa vertiente del ámbito político, a mi juicio ha sido superada con el advenimiento del recalentamiento global. Por supuesto cada vez más percibo la aparente insistencia de que es el hombre liberal el causante de ese desastre de la naturaleza. Perdón pero voy a recordar otro pensador griego, Protágoras, quien dijo: «El hombre es la medida de todas las cosas, de las que son, en cuanto que son, y de las que no son, en cuanto a que no son». Es decir de los aciertos y los errores; y comparto ese pensamiento que se ha comprobado a través de la historia.

No me cabe la menor duda de que a través de la historia en la acción de los hombres han prevalecido las que no son.

La guerra fue el orden nacional y ético de las sociedades. Como postuló Hegel: «La guerra es el momento ético de la sociedad».

En la Guerra de los Treinta Años, entre 1618 y 1648, murió la mitad de la población de Europa. Previamente entre 1337 y 1453 transcurrió la Guerra de los Cien Años entre Francia e Inglaterra.

Y llegado el siglo XX Europa nos llevó a las dos guerras mundiales, afortunadamente ganada por los Estados Unidos.

Al respecto Jean François Revel en su obra *La Obsesión Antiame-*

ricana escribió: «Son los europeos que yo sepa, quienes hicieron del siglo XX el más negro de la Historia, en las esferas política y moral, se entiende. Ellos fueron quienes provocaron los dos cataclismos de una amplitud sin precedentes que fueron las dos guerras mundiales; ellos fueron quienes inventaron y realizaron los dos regímenes criminales jamás infligidos a la especie humana».

No obstante insistimos en creer la falacia de la civilización Occidental y Cristiana.

Pero llegó John Locke y su pensamiento determinó la *Glorious Revolution* de 1688 en Inglaterra, a partir de la cual se desarrolló el sistema ético, político y jurídico que cambió la historia del mundo al permitir la libertad y la creación de riqueza por primera vez en la historia.

Revolución que no es reconocida, pues nos han enseñado lo contrario y que fue la Revolución Francesa la determinante de la libertad, cuando en realidad fue el inicio del totalitarismo como racionalización del despotismo.

Al respecto dice Peter Drucker «Tan difundida y tan falaz como la creencia de que el Iluminismo engendró la libertad en el siglo XIX, es la creencia de que la Revolución Americana se basó en los mismos principios que la Revolución Francesa, y que fue su precursora».

Ese sistema político se basó en el reconocimiento de la naturaleza humana, y por ello dice Locke: «Los monarcas también son hombres por ello se necesita limitar las prerrogativas del rey». Como bien reconoce William Bernstein en *The Birth of Plenty*, el mundo hasta hace doscientos años vivía como vivía Jesucristo. Pero creo que tampoco podemos ignorar los daños generados por la naturaleza desde tiempo inmemorial. Y así lo reconoce Bernstein cuando señala que hasta la era moderna prevalecía el hambre, las enfermedades y la guerra.

Siguiendo con el recalentamiento recordemos el terremoto de Lisboa en 1775, cuando murieron más de 60.000 personas. Allí comenzó una discusión, que está pendiente, entre Voltaire y Rousseau.

Rousseau le escribió una carta a Voltaire al respecto en la que dijo: «El terremoto de Lisboa fue justamente un castigo al hombre por abandonar la vida natural y vivir en ciudades». A la misma Voltaire contestó: ¿Qué culpa tenían los niños que estaban en las iglesias?

Ya Rousseau, que me parece está presente, había dicho: «Nuestras almas han sido corrompidas en proporción a que nuestras ciencias y artes han avanzado hacia la perfección». Y por supuesto había asimismo desvirtuado el derecho de propiedad: «No importa en la forma que esa adquisición fue hecha, cada derecho individual sobre su propia tierra esta sigue, subordinada al derecho de la comunidad sobre toda la tierra».

En virtud de estos pensamientos tengo la impresión de que Rousseau está presente en todo el análisis valorativo que percibo del recalentamiento global.

Todo parece indicar que ha sido el hombre en el sistema liberal capitalista el causante de los deshechos de la naturaleza. En otras palabras, es la descalificación del sistema que permitió la libertad y la creación de riqueza por primera vez en la historia.

Yo no soy científico, pero me pregunto ¿Cuál es la relación científica del recalentamiento con los terremotos que existieron por siempre y con los ciclones, las inundaciones y las sequías prevalecientes?

Entonces la izquierda, monopolizadora de la ética de la igualdad en el ámbito político, el recalentamiento global parece haberla recalentado para justificar la destrucción del sistema que cambió al mundo. Por ello como antes dije respecto a Locke, el reconocimiento de la naturaleza humana determinaba la limitación del poder político. Asimismo reconoció el derecho de propiedad y el derecho a la búsqueda de la propia felicidad. Ese derecho, que Locke reconocía como el principio fundamental de la libertad, implica el reconocimiento de que los intereses privados no son *per se* contrarios al interés general.

Cuando los intereses privados son contrarios al interés general, la consecuencia es el interés privado de quienes forman los gobiernos.

Por ello voy a insistir que el sistema es ético, político y jurídico, y la economía es la consecuencia y no su determinante.

Por tanto prevaleció la «mano invisible» de Adam Smith quien la definió: «Persiguiendo su propio interés él frecuentemente promueve el de la sociedad más efectivamente que cuando él realmente pretende promoverlo».

Esos principios fueron llevados a sus últimas consecuencias en Estados unidos por los *Founding Fathers*, y no por ser anglosajones ni protestantes.

Por ello Madison reconoció que si los hombres fueran ángeles no sería necesario el gobierno, y si fueran a ser gobernados por ángeles no sería necesario ningún control al gobierno.

Pero el gobierno es una administración de hombres sobre hombres, y la gran dificultad yace primero en capacitar al gobierno para controlar a los gobernados, y en segundo lugar a controlarse a si mismo.

A los efectos de controlar al gobierno se creó el concepto del *Judicial Review*, que fue reconocido por el Juez John Marshall en el caso Marbury vs. Madison mediante la siguiente decisión: «Todos los gobiernos que han formado una Constitución, la consideran la ley fundamental, y toda ley contraria a la Constitución es nula. Es enfáticamente la competencia y el deber del poder judicial decir qué es la ley».

Pasando entonces al momento político que vivimos, repito que la izquierda se ha apoderado de la ética en nombre de la falacia de la igualdad. Pienso que surgiendo de Rousseau, Marx está presente vía Eduard Bernstein, que en su obra *Las Precondiciones del Socialismo* en disputa con Lenin escribió que al socialismo se puede llegar democráticamente y no por revolución. Y es esa la realidad que se vive en Europa vía la Social Democracia, que si bien no nacionaliza la propiedad privada, aumentando el nivel del gasto público fácticamente viola los derechos de la propiedad, y es determinante de la caída en la tasa de crecimiento económico.

Recordando a Aristóteles que ya nos había advertido, cuidado que los pobres siempre iban a ser más que los ricos.

Así el liberalismo es la fuente filosófica del sistema del *Rule of Law*, y no el sistema cuya denominación como «capitalismo» busca descalificado políticamente, con la consecuencia de la crisis que se vive en el llamado mundo Occidental.

Cuando el gasto público alcanza o supera el 50% del PBI, *de facto* se está violando el derecho de propiedad, y al respecto reconoció Milton Friedman: «El peso total de los impuestos es lo que los gobiernos gastan, no esos recibos denominados impuestos. Y cualquier déficit es soportado por el público en la forma de impuestos escondidos. Se paga con los intereses de la deuda y con inflación. Sin reducir el gasto, la rebaja en los impuestos sólo disimula más que reduce la carga.

Esperemos que aprendamos y que decidamos discutir con la izquierda los principios éticos y políticos que determinaron la libertad y la riqueza por primera vez en la historia. Librémonos de la demagogia implícita en el socialismo, y reconozcamos que la democracia mayoritaria *per se* no es determinante ni de la libertad ni de la creación de riqueza. Así no olvidemos que Hitler, Mussolini y Perón llegaron al poder con votos. Lo trascendente es la limitación del poder político y el respeto por los derechos individuales. Cuidado con el recalentamiento, no sólo en el ámbito tecnológico sino profundamente en el político.

V- La ceguera de quienes no quieren ver

«No hay peor ciego que quien no quiere ver».

Esa es la situación que enfrentamos a partir de la ceguera generada por la izquierda en nombre de la falacia de la igualdad.

Permítanme relatar algunos hechos que se ignoran, y voy a comenzar con la aparente celebración del cincuenta aniversario de la muerte del Che Guevara.

Al respecto recuerden que fue Presidente del Banco Central de Cuba. Pero ése fue su segundo puesto, hasta que decidió viajar al mundo en busca de colaborar con las guerrillas comunistas en acción. Antes había sido director de las prisiones políticas de la Cabaña y en Castillo del Príncipe donde, como recordara Huber Matos, pistola en mano mataba a los presos políticos a diestra y siniestra. Presos que fueron muertos por miles.

Igualmente se ignora que la muerte del Che se debió a su socio Fidel Castro.

En aquel momento había un enfrentamiento entre Rusia y la China de Mao Tse Tung. Cuba dependía en gran medida de la Unión Soviética, y el Che estaba de acuerdo con la revolución cultural de Mao. Y ya debiéramos saber que en los totalitarismos, la opinión contraria al dictador es traición a la patria y consecuentemente merece la muerte.

Algo parecido le ocurrió a Huber Matos por estar en desacuerdo con la nacionalización de la propiedad, y le costó 20 años de cárcel en Cuba.

Hoy se reconoce que Cuba tiene servicios médicos, en tanto que se ignora que Cuba cuando llegó Fidel era el país con el nivel de vida más elevado en América Latina, y que ahora compite con la pobreza de Haití.

Pero más aún, recuerdo que nosotros íbamos a los médicos en

Cuba y no en los Estados Unidos. O sea que la medicina en aquella época en Cuba estaba decididamente adelantada.

Hoy se dice falsamente que los enfermos están bien, pero habría que ver entonces lo mal que están los sanos.

Actualmente la problemática política en Venezuela, reconocida en el mundo, ha permitido ignorar la falta de libertad en Cuba. Es decir que parece que los cubanos no son humanos, pues es un hecho indubitable que en Cuba no rigen los derechos humanos.

Por más que ya he reconocido que los derechos humanos no son los derechos individuales que constituyen la garantía de la libertad.

Al respecto igualmente se ignora que la situación en Venezuela se debe a que Maduro pretende seguir los pasos de Fidel en Cuba. Y tanto así que todo parece indicar que el ejército cubano domina el sector militar de Venezuela. Y es esa ignorancia la que determinara que Obama pactara con Raúl Castro, y los Estados Unidos abrieran de nuevo una embajada en Cuba.

Asimismo se ignora que fueron los militares de Batista quienes permitieron el arribo de Fidel Castro a la Habana. Y ello se debió a que se supo en Cuba que Eisenhower le había pedido a Batista que se fuera y que dejara llegar a Fidel a La Habana. Datos reconocidos por el entonces embajador de Estados Unidos en Cuba Earl T. Smith, quien lo narra en su libro *El Cuarto Piso*. Y por supuesto en Cuba había un pensamiento colectivo de que los Estados Unidos no permitirían un gobierno comunista a 90 millas de La Florida. Si el propio Fidel cuando bajó de la Sierra se manifestó que no era comunista!

Igualmente se ignora que de haber ganado Richard Nixon las elecciones en Estados Unidos en 1960, Fidel Castro no habría permanecido en Cuba. En la invasión de Bahía de Cochinos en 1962, el gobierno de Estados Unidos había prometido a los cubanos darles el apoyo aéreo durante la ofensiva. Pero Kennedy, con el asesoramiento de Lyndon Johnson, traicionó a los cubanos y no dio el apoyo aéreo. Consecuentemente se perdió la batalla, y los cubanos que no murieron en la misma fueron apresados en Cuba hasta que Estados Unidos pactara el intercambio de prisioneros. Y después como si esa traición hubiese sido poco, durante la crisis de los misiles en 1962, Kennedy pactó con Khruchev y entregó Cuba a la órbita soviética, a condición de que se sacaran los misiles de Cuba y que los Estados Unidos sacaran los que tenían en Turquía.

Otro aspecto a tomar en cuenta es la aparente tergiversación histórica política del embargo, que se considera como un fracaso en la supuesta pretensión de Estados Unidos de derribar al régimen castrista en Cuba. El embargo no fue más que una decisión económica. A su llegada a la Habana Fidel Castro decidió nacionalizar toda la propiedad privada, y por supuesto la de Estados Unidos en Cuba. Si mal no recuerdo el 40% de la industria azucarera en Cuba era propiedad de los americanos. Igualmente lo era la compañía de electricidad y la telefónica. Pero el embargo en términos de la izquierda ha sido un factor político positivo para Fidel Castro, por el cual se culpa a Estados Unidos de la pobreza en Cuba. Y permítanme recordar que en Cuba funcionaban los teléfonos antes de Castro y en la Argentina tuvo que llegar Menen para que empezaran a funcionar.

Con la llegada de Donald Trump a la presidencia de Estados Unidos se produjo una aparente decisión respecto de Venezuela, que fuera la amenaza de invadirla. Pero más recientemente Trump ha acusado al gobierno cubano de ser responsable de los ataques sónicos a los diplomáticos americanos. Así recientemente se decidió sacar a todos los diplomáticos de Cuba con la excepción de los que atienden los servicios de emergencia. Aparentemente se ignora la razón de ser del ataque sónico a los diplomáticos americanos de la Embajada en Cuba. Pero ¿Por qué fue sólo en Cuba y no en ningún otro país en el Caribe ni en América Latina?

E igualmente se sabe que el ataque sónico no es una epidemia en Cuba. Y qué casualidad que ocurrió solo en la Embajada Americana. Así que por el momento vivimos una incógnita respecto a cuál será la política a seguir de Estados Unidos con Cuba. Desde mi punto de vista el ideal sería que por el momento Trump decidiera invadir Cuba y volver a darle la libertad que los Estados Unidos le concedieron a fines del siglo XIX, cuando la independizó de España y le dejó la Constitución de 1902.

No obstante esta realidad indiscutible de la historia hoy se insiste en el «imperialismo americano», cuando fueron los americanos quienes terminaron con el imperialismo en el mundo al final de la Segunda Guerra Mundial. Así obligaron a Inglaterra a liberar a la India y decidieron la liberación de los países musulmanes del norte de África que pertenecían a Francia y Alemania. O sea al ex imperio

Otomano. De la Europa continental surgió el totalitarismo como la racionalización del despotismo. Por lo tanto, si fuera por Europa Occidente sería nazi, fascista o comunista.

Y por supuesto, volviendo al Che, a quien se pretende considerar como un líder de la libertad, ya deberíamos saber que su injerencia política fue la guerrilla que padeció América Latina.

Tratemos pues de devolverle la vista a Occidente, y librémonos de la ceguera histórica que se padece, dominada por la izquierda en nombre de la falacia de la igualdad económica. Analicemos la historia y sabremos que quienes pretenden la igualdad ciudadana determinan la desigualdad política, y los derechos del pueblo se traducen en el poder de quienes lo incitan. Recordemos entonces las sabias palabras de Thomas Jefferson: «Un despotismo electivo no es el gobierno por el que luchamos».

VI- Derecha e Izquierda

Voy a insistir en un tema que considero importante para saber dónde estamos y a dónde vamos.

La verborragia política, a mi juicio, encara denominaciones y no definiciones.

Así tenemos derecha, extrema derecha y centro derecha. Y en la misma situación nos encontramos con la extrema izquierda y la centroizquierda. ¿He dicho algo?

Ahora tenemos a Bolsonaro en Brasil calificado como de extrema derecha.

No puedo menos que preguntarme qué significa esa calificación o descalificación a los efectos de conocer cuál es la política esperada.

Puedo pensar que la misma significa que ha aceptado: 1) La limitación del poder político. 2) La división de poderes y que toda ley contraria a la constitución es nula, y 3) El respeto por los derechos individuales: a la vida, la libertad, la propiedad privada y el derecho a la búsqueda de la propia felicidad.

Si esa es la definición actual, diría que los *Founding Fathers* fueron los creadores de la extrema derecha. Y pasando a la Argentina la extrema derecha la constituyeron Alberdi, Sarmiento, Mitre, Urquiza y Roca. Es decir la Constitución de 1853-60.

Pero resulta que nos encontramos que en la historia la extrema derecha se ha considerado el advenimiento del fascismo. Sistema impuesto por Mussolini en Italia, a mi juicio influenciado por el pensamiento de Lenin expuesto en su libro *La Nueva Economía Política*, donde escribió: «Los capitalistas están entre nosotros, actúan como ladrones, tienen ganancias pero son los que saben hacer las cosas, por tanto hay que tratar con ellos». Y los capitalistas aceptaron la propuesta ante la alternativa de ser expropiados por el comunismo.

Si aceptamos la primera definición, o descalificación, a la que nos referimos estaríamos descalificando el derecho a la libertad. Y aún más, al sistema que creó riqueza por primera vez en la historia. Permítanme recordar a Ayn Rand cuando dijo: «El capitalismo no creó la pobreza, la heredó».

Y aquí me encuentro también ante lo que considero una confusión heredada de Karl Marx, quien al liberalismo lo denominó «capitalismo» para descalificarlo éticamente como la explotación del hombre por el hombre.

Recordemos a Hutchinson, quien reconoció: «El éxito de Adam Smith con la publicación de su obra *La Riqueza de las Naciones* tuvo un efecto no deseado, que fue hacerle creer al mundo que la economía era una ciencia independiente de la ética y la política».

Entonces siguiendo con nuestra ignorancia ¿Qué es la centroderecha?

Sería la aceptación de que la felicidad la da el Estado. Es decir la aceptación de que es el gasto público el determinante de reconocer los derechos del pueblo, reconocidos a mi juicio en los derechos humanos, que no son los derechos individuales. Nuevamente permítanme recordar el pensamiento de Alexander Hamilton: «Una peligrosa ambición subyace bajo la especiosa máscara del celo por los derechos del pueblo». Ya la historia ha mostrado que cuando prevalecen los derechos del pueblo desaparecen los derechos individuales y se generan los derechos de los gobernantes que constituyen el Estado.

Al respecto Alberdi escribió: «Las sociedades que esperan su felicidad de la mano de su gobierno, esperan una cosa que es contraria a la naturaleza»: Y no olvidemos que John Locke consideraba al derecho a la búsqueda de la felicidad el principio fundamental de la libertad, tal como lo expresa en *An Essay Concerning Human Understanding* . Seguidamente Adam Smith a mi juico lo interpretó a través de su exposición sobre «la mano invisible»: «En la persecución de su propio interés él promueve el de la sociedad más efectivamente que cuando él realmente intenta promoverlo. Yo nunca he conocido mucho bien hecho por quienes afectan negociar por el bien público».

Creo que en estas ideas se fundamenta el mundo que conocemos, y todavía no sé si es la extrema derecha.

Siguiendo con mi ignorancia, tengo la impresión de que la extrema izquierda es el comunismo. Por consiguiente la centroizquierda fue creada por las ideas de Eduard Bernstein, quien discutiendo a Lenin escribió que al socialismo se llega sin revolución y democráticamente.

Al respecto Ayn Rand escribió: «Ésa es la diferencia entre el asesinato y el suicidio».

Ahora en Europa surgió una nueva denominación del populismo.

Al respecto Fareed Zakaria escribió en *Foreign Affairs*: «Históricamente el populismo ha venido en variantes de izquierda y derecha, y ambas están floreciendo hoy. O sea el socialismo y el nacionalismo, es decir el pueblo y la nación los justificativos del poder político». Y permítanme recordar que ya von Hayek expuso que el nazismo provino del socialismo. El nazismo fue el fascismo a la alemana, que incluyó el racismo.

Por último estamos viendo a la China que operando desde el comunismo como expresión del poder político ha dado un vuelco en su historia abandonando a Marx y recuperando a Confucio: «Trata a tus amigos como quieres que te traten a ti». También ha aceptado la mano invisible, y por eso un 40% de la inversión extranjera va a la China.

Y por último según *The Economist* en la actualidad todo parece indicar que la Unión Europea tiene hoy más relaciones económicas y comerciales con China que con Estados Unidos de Trump. Por tanto también han aceptado a Hume: «La riqueza de tu vecino no te perjudica sino que te beneficia».

Podemos entonces preguntarnos ¿Es de derecha o izquierda? Evidentemente no sé qué es izquierda y derecha.

Perdón por haber compartido mi ignorancia.

VII- La iniquidad de la equidad

Un despotismo electivo no fue el gobierno por el que luchamos.

Thomas Jefferson

Las elecciones de Venezuela muestran una vez más la vigencia de Fidel Castro en nuestro continente al Sur del Río Grande, con algunas excepciones. Pero «dime con quien andas y te diré quien eres».

Es evidente que el concepto del «*Rule of Law*», que como he dicho en otras oportunidades, carece de una traducción conceptual, no existe como alternativa. Ya John Locke había dicho «No hay libertad sin ley». El problema pendiente es definir cuál es la ley o leyes que permiten la libertad.

La discusión política en la actualidad parece sustentarse únicamente en la existencia o no de elecciones para definir la democracia. Por tanto lo que se define supuestamente por el pueblo es tan sólo quien gobierna y no cómo se gobierna.

Asimismo existe la posibilidad de la reelección, y se ignora la sabia advertencia de Juan Bautista Alberdi al respecto cuando escribió: «Admitir la reelección es extender el término de la presidencia. El presidente tiene siempre medios para hacerse reelegir y rara vez deja de hacerlo». A los hechos me remito.

El triunfo de Chávez, con fraude o sin fraude, es otra prueba manifiesta de esta preclara advertencia. En sus 14 años de gobierno, durante el cual el precio del petróleo alcanzara los niveles más elevados de la historia, la economía venezolana se ha deteriorado.

En ese periodo, tal como lo expone Alvaro Vargas Llosas, aumentó la criminalidad, cayó el salario real un 40% y se enriquecieron los empresarios acomodados con el gobierno. Esta última es la esencia del fascismo, que acorde con la experiencia de Lenin, que descubrió que sólo los capitalistas sabían hacer las cosas.

Ergo donde no hay derechos existe la colusión, tal como ocurre en Cuba con los Hoteles Meliá y los Castro. Al mismo tiempo es un hecho manifiesto que Chávez fue el discípulo dilecto de Fidel Castro, el criminal más grande que cuenta la historia de nuestra América Latina. En función de esa alianza es un hecho notorio que asimismo concuerda con las FARC a quienes ha financiado. Y no menos importante siguiendo a su maestro ha tenido relaciones con el narcotráfico.

En el otro aspecto de las elecciones tenemos el discurso del candidato opositor el Sr. Capriles, quien en la aceptación de su derrota manifestó demagógicamente su disponibilidad a los deseos del pueblo. El pueblo, si es que se quiere utilizar esa entelequia universal, puede decidir quién gobierna pero no decidir lo que se va a hacer. Cuando el pueblo gobierna, de hecho quien gobierna es el dictador de turno, que es quien en última instancia define en su propio beneficio qué es lo que el pueblo quiere.

Así ha gobernado Castro durante 52 años, y en ese periodo destrozó la economía más adelantada de América Latina al momento de su llegada al poder, y por supuesto de libertad ni hablemos.

Recuerden, cuando el pueblo tiene derechos, el individuo carece de ellos.

Podría decir entonces que las elecciones venezolanas las ha ganado Fidel Castro mediante su discípulo y compañero de ruta Hugo Chávez.

Tanto así que este sujeto deleznable le dedicara su triunfo a Fidel Castro. Y aun ante esta realidad, y cínicamente ignorando los crímenes de Castro, los presidentes de América Latina felicitan a Chávez por la democracia en Venezuela y su aparente triunfo.

Y digo aparente pues cada día llegan más noticias respecto a la evidencia del fraude electoral que Capriles no se atrevió a delatar. Podría hasta comprenderlo en esta actitud, pues la alternativa a la aceptación de la derrota era la guerra civil, amenazada previamente por el triunfador.

Y recordemos a José Martí: «Ver con calma un crimen, es cometerlo».

Es un hecho notorio que cuando los gobernantes disponen ilegalmente del poder absoluto, jamás van a permitir el perderlo legalmente. Esa admisión de hecho significaría obviamente no sólo la pérdida del poder, sino la posibilidad de ser legalmente condenados por los abusos del poder y por supuesto por la corrupción implícita en tales sistemas dictatoriales.

Insisto entonces que no obstante estas realidades todos los presidentes de América Latina, con la excepción de Piñera han mostrado su alegría ante el triunfo de Chávez, que aparentemente consideran un triunfo de la democracia.

Es decir que Fidel Castro prevalece a través del Socialismo del Siglo XXI.

Diría pues que a los venezolanos sólo le queda una esperanza de revertir el camino de «Cubazuela», y es que Dios se apiade de ellos como no hiciera con los cubanos.

Ya deberíamos de haber aprendido que la continuidad en el poder es el eje de la dictadura, y su consecuencia la falta de libertad, que determina asimismo crecimiento de la pobreza en nombre de los intereses generales y del bien común.

No olvidemos tampoco que en la lucha por la libertad universal están pendientes asimismo las elecciones próximas de Estados Unidos.

Y dicho sea de paso todo parece indicar a partir del ultimo debate de los candidatos que la situación política de America Latina se ignora en la política exterior americana, cuya preocupación sólo parece ser el Medio Oriente.

En fin, es hora de que nos percatemos de que en Occidente impera la demagogia en nombre de la equidad del socialismo, que como señalara Aristóteles, es una iniquidad., que determina el poder absoluto y la perdida de la libertad. Es el triunfo de la supuesta democracia mayoritaria, que ignora el *Rule of Law*.

Es decir que las mayorías no tienen el derecho de violar los derechos de las minorías, el límite al poder político en reconocimiento de la naturaleza humana y el respeto por los derechos individuales a la vida, a la libertad a la propiedad, y a la búsqueda de la propia felicidad.

En esa república juega un rol fundamental el poder judicial, que es quien determina qué es la ley.

Así Adam Smith destacó que cuando el poder ejecutivo esta unido al poder Judicial la justicia es pura política.

Lamentablemente esta realidad es aparentemente ignorada en Occidente, casi olvidada en Estados Unidos, y por supuesto desconocida en América Latina.

V Cultura Civilización e Ideas

I- Cultura, Civilización Y Riqueza

Culturas hay muchas, civilización hay una sola. Donde se respetan los derechos individuales.

François Revel

Hasta tal punto son más fuertes los vicios del sistema que la virtud de los hombres que lo practican.

Alexis de Tocqueville

Voy a volver sobre un tema que me preocupa y que parece permanente.

Me refiero a la confusión presente que existe respecto la determinación de los factores que determinan la pobreza, la riqueza y la libertad.

Esa confusión a mi juicio reside en la pretensión de que la libertad y la riqueza dependen de la cultura y de la moral. Nada más falaz en la historia de esas premisas, a partir de las cuales se deriva la práctica imposibilidad de alcanzar la riqueza y la libertad en los países subdesarrollados.

De acuerdo al *Diccionario de la Lengua Española* la definición de cultura es la siguiente: Cultura: «1. Cultivo || 2. Culto, homenaje reverente que se tributa a Dios || 3. Resultado o efecto de cultivar los conocimientos humanos y de afirmarse por medio del ejercicio las facultades intelectuales del hombre».

Y *The American Heritage Dictionary of the English Language*: Cultura: «El cultivo del suelo... Crianza de animales, o crecimiento de plantas || Formación social e intelectual; Creencia en las instituciones; Actividad intelectual y artística; La totalidad de patrones de comportamiento transmitidos socialmente».

Creo que ante estas definiciones nos encontramos en un mundo incierto en el que se ignoran los factores que determinaron la libertad y la riqueza en el mundo por primera vez en la historia, hace tan poco como unos doscientos años. Y al respecto vale tomar en cuenta el reciente libro de William Bernstein: *The Birth of Plenty*, en el cual señala que hasta el 1800 el mundo vivía como vivía Jesucristo.

El primer país que comenzó el proceso de libertad y de creación de riqueza fue Inglaterra.

País en el cual en la época de los Tudor y años después era uno de los países más pobres de Europa. Como dice David Hume en su *Historia de Inglaterra*: «Los ingleses en aquella época estaban tan totalmente sometidos, que como los esclavos del Este, ellos estaban inclinados a admirar aquellos actos de violencia y tiranía que eran ejercidos sobre ellos mismos y a sus propias expensas». Y sigue al respecto: «Tal estado de la nación estaba muy poco avanzado más allá del estado de naturaleza. La violencia prevalecía. La pretendida libertad del tiempo era sólo la incapacidad para someterse al gobierno».

Ante esa realidad prevaleciente era difícil prever un primer encuentro con la civilización, y tal fue lo que comenzó en Inglaterra con la *Glorious Revolution* de 1688, bajo la dirección fundamental de las ideas de John Locke, quien hasta ese entonces no podía vivir en Inglaterra pues se había declarado a favor de la libertad, la necesidad de limitación del poder político, y el respeto por los derechos de propiedad.

Fue en Inglaterra donde se produjo inicialmente la llamada revolución industrial a la cual Max Weber consideró el resultado del protestantismo.

Y entonces queda la pregunta: ¿Por qué no fue en Alemania, la tierra de Lutero donde se produjo el desenlace de la libertad?

Desde otro punto de vista debemos recordar que el Anglicanismo es catolicismo, con el monarca de Inglaterra ocupando el rol de Papa. Por ello en Inglaterra no había libertad religiosa, que ha sido un principio fundamental de la libertad en el mundo y que está predicho en el cristianismo: «Dar al César lo que es del César, y a Dios lo que es de Dios».

Existía *The Court of The High Commission*, que cumplía las funciones de la Inquisición.

Y así lo reconoció Locke cuando dijo en su *Carta Sobre La Tolerancia*: «¿Quién puede ir al cielo con una religión en la que no cree? Y Adam Smith escribió: Habrá libertad religiosa donde haya multiplicidad de sectas».

Fue precisamente en razón de que no había libertad en Inglaterra que los *pilgrims* emigraron a Estados Unidos. Y era multiplicidad de sectas. Pero igualmente cuando llegaron pusieron la propiedad en común, y consiguientemente se morían de hambre.

Fue entonces en Estados Unidos donde se llevó a cabo el desarrollo de la libertad y consiguientemente de la creación de riqueza, a través del sistema creado por los *Founding Fathers*, The *Rule of Law*. Pero igualmente al respecto debemos tener en cuenta la dificultad que tuvieron para lograrlo, tal como lo describe Catherine Drinker Bowen en su libro *The Miracle of Philadelphia*.

Por ello John Adams Dijo: «Le tengo más miedo a las posibilidades de gobernarnos a nosotros mismos, que a todas las flotas extranjeras del Mundo»

Y ese sistema se basó fundamentalmente en el reconocimiento de la naturaleza humana, tal como lo había previsto David Hume cuando escribió: «Es imposible corregir algo material en nuestra naturaleza. Lo más que podemos hacer es cambiar nuestras circunstancias y situación». Y siguiendo esa sabiduría James Madison escribió en *El Federalista*: «Si los hombres fueran ángeles no sería necesario el gobierno. Si los ángeles fueran a gobernar a los hombres, no serian necesarios controles internos ni externos sobre los gobiernos. Al formar un gobierno que va a ser administrado por hombres sobre hombres la gran dificultad yace en esto: se debe primero capacitar al gobierno para controlar a los gobernados; y en segundo lugar obligarlo a controlarse a si mismo». Estos principios fueron aplicado en la Constitución de 1787, y se desarrolló el sistema que le permitió a Estados Unidos en cien años ser la primera economía mundial.

Estos principios pues no partieron de la cultura anglosajona, y por tanto son aplicables al mundo entero.

Fue así que a partir de la Constitución de 1853-60 la Argentina se convirtió en el segundo país del mundo en aplicar el sistema que permitió la libertad y la creación de riqueza por primera vez en la historia. Por ello dio un salto cuántico, y pasó a ser de uno de los países más pobres del continente a convertirse en la sexta economía mundial a principios del siglo XX.

Lo expuesto anteriormente es la prueba contundente que no ha sido la cultura la determinante de la libertad, sino la aceptación de los principios que la determinan.

Y ello en Argentina se debió a la llamada generación del treinta y siete formada por Alberdi, Sarmiento, Mitre y Urquiza. Fue la unión de las ideas y la acción las que determinaron ese proceso. No olvidemos que de no haber sido por Urquiza, quien aceptó las ideas de Alberdi y pactó con Mitre en el acuerdo de San Nicolás de los Arroyos, la Argentina no existiría. Y lamentablemente esa disposición le costó la vida.

Pero por favor aprendamos de la historia y reconozcamos los principios que le permitirán a la Argentina volver a ser.

Al respecto recordemos dos principios de Alberdi hoy presente: «Hasta aquí el peor enemigo de la riqueza del país es la riqueza del fisco. La propiedad, la vida, el honor son bienes nominales cuando la justicia es mala» Es decir no la cultura sino la civilización.

II- Qué Ley, no qué Cultura.

Para despedir el año me voy a permitir volver a un tema de la mayor relevancia, y cada vez que oigo una conferencia compruebo que es ignorado en este mundo confundido por la izquierda en nombre de la falacia de la igualdad.

Ya lo he repetido hasta el cansancio pero, como reconoce William Bernstein en su obra *The Birth of Plenty,* el mundo hasta hace unos doscientos años vivía como vivía Jesucristo.

La pregunta pendiente entonces es, qué fue lo que cambió al mundo y permitió la libertad individual y la creación de riqueza por primera vez en la historia?

La respuesta a esta pregunta es de donde surge la mayor confusión pendiente.

La primera es el concepto de la democracia, a la cual ya Aristóteles, en su teoría sobre la demagogia, adjudicó la destrucción de la república al escribir: «Cuando el pueblo se hace monarca viola la ley y se hace déspota, y desde entonces los aduladores del pueblo tienen un gran partido».

La segunda confusión, y no menos importante a mi juicio, proviene de Marx, de considerar al sistema «capitalista», al cual descalificó como la explotación del hombre por el hombre. No obstante lo cual en el *Manifiesto Comunista* reconoció que: «La burguesía durante su gobierno de escasamente cien años, ha creado más masivas y más colosales fuerzas productivas que todas las generaciones precedentes juntas».

No obstante el fracaso del sistema comunista en Rusia, con Lenin y Stalin, y en China, con Mao Tse Tung, Marx sigue presente vía Eduard Bernstein, quien en 1890 escribió *The Preconditions of Socialism*, donde en discusión con Lenin propuso que al socialismo se podía llegar sin revolución y democráticamente. Y más confuso aun cuando dijo: «El socialismo es el heredero legítimo del liberalismo, no hay un pensamiento liberal real que no pertenezca también a los elementos de las ideas del socialismo».

Y ahora tenemos a la Unión Europea quebrada mediante la social democracia.

El sistema que cambió al mundo no fue un sistema económico, sino ético, político y jurídico.

Hoy parece confundido con la democracia, y se ignora la observación de Thomas Jefferson que dijo: «Un despotismo electivo no fue el gobierno por el que luchamos».

Y ese sistema que se desarrolló en Estados Unidos provino de las ideal liminares de John Locke que surgieran en Inglaterra con la *Glorious Revolution* de 1688.

Y ella determinó el advenimiento de la Revolución Industrial.

Este proceso no se generó en Inglaterra en virtud de la supuesta cultura anglosajona. Hasta ese momento en Inglaterra, con los Tudor y Colbert mediante, no había libertad.

Si hubiese habido libertad los Estados Unidos no existirían, pues los *Pilgrims* no se habrían escapado de Inglaterra en busca de libertad.

Por tanto no fue en función de la cultura inglesa y como bien señala David Hume: «Los ingleses en esa era estaban tan totalmente sometidos, que como los esclavos del Este, estaban inclinados a admirar los actos de violencia y tiranía que se ejercía sobre ellos y a sus propias expensas».

Siguiendo con Locke tomemos primero su expresión de que los monarcas también son hombres y por tanto es necesario reducir las prerrogativas del rey. Es decir estaba tomando en cuenta la naturaleza humana, a la que David Hume se refiriera diciendo: «Es imposible cambiar o corregir algo material en nuestra naturaleza, lo más que podemos hacer es cambiar nuestra circunstancia y situación y rendir la obediencia a las leyes de la justicia nuestro interés más cercano y su violación el más remoto».

Seguidamente Locke desarrolló la teoría del respeto por los derechos individuales, a la propiedad y el derecho a la búsqueda de la propia felicidad. Y este lo consideró el principio fundamental de la libertad.

No debe haber la menor duda de que el sistema se llevó a sus últimas consecuencias en Estados Unidos a partir de la Constitución de

1787, pero tampoco fue un producto de la cultura. Los *Pilgrims* al llegar pusieron la tierra en común y se morían de hambre. Si aceptamos la cultura es la deteminante del sistema, hemos aceptado a priori la imposibilidad de lograrlo.

Como bien lo describe Catherine Drinker Bowen en su *Miracle at Philadelphia*, donde describe las dificultades que tuvieron los americanos para lograr aprobar la Constitución de 1787 como consecuencia de las diferencias que había entre los distintos estados.

Y asimismo en primer término se aprobó el *Bill of Rights*, nombre colectivo que se le otorgan a las primeras diez enmiendas de la Constitución de los Estados Unidos donde se definen los derechos individuales. Y al respecto reconoció que: «Hay dos pasiones que tienen una poderosa influencia en las relaciones de los hombres. Ellas son ambición y avaricia, el amor al poder y al dinero».

O sea estamos viendo claramente, que la naturaleza humana es común, y no el carácter de una sociedad en particular. Por consiguiente podemos ver que el sistema político que cambió al mundo no fue producto de una cultura.

Fue en función de la aceptación de las ideas precedentes que James Madison escribió en la Carta 51 de *The Federalist Papers*: «Si los hombres fueran ángeles no sería necesario el gobierno y si fueran a ser gobernados por ángeles ningún control interno o externo al gobierno sería necesario. Al organizar un gobierno, que es una administración de hombres sobre hombres, la gran dificultad yace en esto: Usted debe primero capacitar al gobierno para controlar a los gobernados; y en segundo lugar, obligarlo a controlarse a si mismo. La dependencia en el pueblo es sin duda el primer control, pero la experiencia ha enseñado a la humanidad la necesidad de precauciones auxiliares».

Las anteriores reflexiones fueron determinantes de la creación del *Rule of Law* a partir del caso Marbury vs. Madison en 1793. En ese caso el Juez John Marshall sentenció: «Todo gobierno que ha creado una Constitución la considera la ley fundamental. Por tanto toda ley contraria a la Constitución es nula. Es la función y el deber del Poder Judicial decir qué es la ley».

Ese proceso denominado *Judicial Review* es el carácter fundamental del *Rule of Law*, y consecuentemente la diferencia con la democracia mayoritaria.

Y así se respetan los derechos individuales que garantiza la Constitución.

Perdón por la multiplicidad de citas, pero las ideas que estoy defendiendo fueron las que cambiaron al mundo, y si hubiesen sido mías estaríamos viviendo en la Edad media.

Y ahora me voy a referir al milagro de la historia. La Argentina en 1853 era uno de los países más pobres del mundo, y a principios del Siglo XX estaba entre los primeros países del mundo. Argentina fue el tercer país del mundo en implementar el *Rule of Law* a partir de la Constitución de 1853-60.

Caseros fue determinante del proceso de cambio de Argentina.

O sea a partir del triunfo de Urquiza llegaron las ideas de Alberdi y Sarmiento. Ambos conscientes de la diferencia entre la filosofía política angloamericana y la europea continental. Al respecto dijo Alberdi: «Mi convicción es que sin la Inglaterra y los Estados Unidos la libertad desaparecería en este siglo». Y Sarmiento dijo: «Sólo la Inglaterra y los Estados Unidos tienen instituciones fundamentales que ofrecer como modelo al mundo del futuro». Y refiriéndose a Estados Unidos en sus Comentarios de la Constitución de la Confederación Argentina propuso: «Aplicar al texto de sus cláusulas las doctrinas de los estadistas y jurisconsultos americanos y las decisiones de sus tribunales».

Fue en esa línea que Argentina se encaminó gracias a Urquiza.

Y permítanme reconocer que sin Urquiza la Argentina no existiría.

Esa situación de Argentina fue reconocida por la revista *The Economist* en un rtículo reciente: *La Parábola Argentina*.

Y así llegamos a la actualidad y no me cabe la menor duda de que Macri está tratando de restaurar la Argentina que fue. Pero al mismo tiempo debo reconocer las dificultades que enfrenta en ese proceso y esperemos ser optimista al respecto.

III- Las Ideas y la Acción

Las Ideas son Acciones

Lenin

Aunque parezca una pretensión intelectual, este mundo de las comunicaciones, yo diría que está varado.

Las ideas a partir de las cuales fue creado este mundo, que tomamos por dado, están cada vez más amenazadas, ante la aparente ignorancia universal respecto a los factores ideológicos que permitieron su existencia.

Percibimos entonces la contradicción pertinaz entre las ideas que permitieron la libertad y su consecuencia la expansión de las comunicaciones, y las que trasmiten hoy esas comunicaciones.

Son las ideas socializantes que prevalecen en el denominado mundo occidental, que permiten el acceso al poder político, y desde el poder se atenta contra las ideas que permitieron las comunicaciones.

Hoy me atrevería a decir que en ese mal denominado «mundo occidental y cristiano» vive la batalla entre Locke y Rousseau.

Fue John Locke quien en el siglo XVII, propuso las ideas en que se basaron fundamentalmente la libertad y que fueran reconocidas por primera vez en la historia en la *Glorious Revolution* en Inglaterra en el año 1688.

Esas ideas partieron del reconocimiento de la naturaleza humana y en virtud de ella la necesidad de limitar el poder político. «Los monarcas también son hombres». Y que conste que en ese pronunciamiento Locke se oponía al pensamiento del *Leviatán* de Thomas Hobbes, que era su antecesor británico.

Igualmente partiendo de esa misma concepción Locke determinó que el principio fundamental de la libertad era el derecho del hombre a la búsqueda de la propia felicidad.

Insisto que ese es un concepto ético fundamental pues en el mismo se reconoce la razón de ser del comportamiento humano.

Como bien dijera David Hume: «Si la naturaleza fuese pródiga y los hombres generosos, la justicia no tendría razón de ser, pues sería inútil». Consecuentemente se reconoce el derecho de propiedad como el origen de la creación de riqueza.

Algo más tarde Adam Smith reconoce esta noción ética y dice: «El individuo persiguiendo su propio interés, frecuentemente promueve el de la sociedad más efectivamente que cuando el realmente intenta promoverlo. Yo nunca he conocido mucho bien hecho por aquellos que pretenden actuar por el bien público».

Evidentemente Adam Smith se adelantó a los tiempos en esa observación, y así reconocería la razón de ser de la crisis europea actual. Fue a partir de esos conceptos puestos en práctica políticamente en el reconocimiento de los derechos individuales que se produjo la conocida Revolución Industrial.

La misma se conoce pero asimismo me atrevo a decir que se ignora su razón de ser que fue ética y política, pues la economía no es más que la consecuencia. Estas ideas algo después cruzaron el Atlántico y no en el *Mayflower*, sino con posterioridad a ese viaje, pues durante largo tiempo los *pilgrims* no se diferenciaron de los llegados en las carabelas con Colón.

Fueron los *Founding Fathers* los que aceptando las anteriores concepciones ético políticas, lograron promulgar la constitución de 1787, y seguidamente en 1791 la aprobación del *Bill of Rights* (Declaración de derechos). Y seguidamente en 1803 hicieron el mayor aporte a la libertad cuando el juez John Marshall en el caso Marbury vs. Madison declaró: «Todos aquellos que han promulgado constituciones, las contemplan como la ley fundamental y suprema de la nación, y consecuentemente la teoría de todos esos gobiernos es que toda ley de la legislatura repugnante a la constitución es nula. Es enfáticamente la competencia y el deber del departamento judicial el decir cual es la ley».

Ya Madison en la Carta 51 de *El Federalista,* parafraseando a Hume dice: «Si los hombres fueran ángeles no sería necesario el gobierno. Si los ángeles fueran a gobernar a los hombres, no serían necesarios controles internos o externos. Al organizar un gobierno que va a ser administrado por hombres sobre hombres la gran dificultad yace en esto. Primero se debe capacitar al gobierno para controlar a los gobernados y en segundo lugar obligarlo a controlarse a si mismo».

En esas concepciones se sustenta el *Rule of Law*, que fuera denominado erróneamente por Marx como el sistema «capitalista», denominación aviesa que lo descalificara éticamente como la explotación del hombre por el hombre. Sin embargo fue Marx mismo quien reconociera en el *Manifiesto Comunista* que la burguesía en escasamente cien años de dominio había creado más riquezas y fuerzas productivas que todas las generaciones anteriores juntas.

Fue a partir de ese proceso basado en tales principios, diría que ignorados en gran parte del mundo, se desarrolló la libertad y la creación de riqueza por primera vez en la historia.

Hoy el socialismo prevalece Bernstein mediante. Fue Eduard Bernstein quien en 1899 escribiera *Las Precondiciones del Socialismo* y, en contraposición a Lenin, discutió a Marx en el sentido que el socialismo se podía alcanzar democráticamente sin necesidad de revolución, pues no era verdad tampoco que los trabajadores eran cada vez más pobres.

Por consiguiente el capitalismo sigue siendo hoy una mala palabra, y estar a su favor significa estar a favor de los ricos y contra los pobres.

Como bien dijera Aristóteles hace más de dos mil años: «Los pobres siempre serán más que los ricos». Por tanto vemos hoy la percepción de Nietzsche al respecto de que democracia y socialismo son lo mismo.

Pero el primer error de Eduard Bernstein en su análisis filosófico político es haber considerado al socialismo como una superación del liberalismo, y así escribió en la obra citada: «El socialismo es el heredero legítimo del liberalismo Y no hay un real pensamiento liberal, que no pertenezca a los elementos de las ideas del socialismo». En esa aseveración comienza por desconocer que la base ética del liberalismo es opuesta al socialismo.

En tanto que el liberalismo parte de la concepción de la naturaleza humana, el socialismo pretende la supuesta creación de un «hombre nuevo». Y esa confusión la manifiesta una vez más cuando se refiere al *Contrato Social* de Rousseau como el origen de la entronización en la sociedad de los derechos del hombre proclamados por la Revolución Francesa.

Entonces crucemos el Canal de la Mancha y en el Siglo XVIII surgió la figura de Jean Jacques Rousseau nacido en Suiza., quien en sus escritos fue el primero en pronunciarse contra la tesis política de Locke.

Fue así que escribió que la propiedad privada era el origen de las desigualdades del hombre. Y en el discurso sobre las Ciencias y las Artes, por el que obtuviera el premio de la Academia de Dijon escribió: «Y nuestras almas han sido corrompidas en proporción a como nuestras ciencias y las artes han avanzado hacia la perfección. Hemos visto volar a la virtud tanto como luz de las artes y las ciencias subió sobre nuestro horizonte». Más tarde en el *Contrato Social* escribió: «Cualquiera que se atreva a tomar la tarea de instituir una nación, se debe sentir él mismo capaz de cambiar la naturaleza humana». A partir de ese concepto generó la concepción de la voluntad general que supuestamente tiende a la igualdad. De ahí se deriva el concepto de la soberanía que es indivisible e inalienable. Por esa razón dice: «Que es contrario a la naturaleza del cuerpo político que la soberanía imponga sobre si misma una ley que ella no pueda infringir».

En esa misma tendencia continúa diciendo: «Tal como la naturaleza le da a cada hombre poder absoluto sobre las partes de su cuerpo, el pacto social le da al cuerpo político poder absoluto sobe sus miembros, y es este mismo poder que bajo la dirección de la voluntad general tendrá el nombre de soberanía». Consecuentemente concluye que: «Cuanto mejor está constituido el estado, mas los asuntos públicos tienen precedencia sobre los negocios privados en la mente de los ciudadanos». Y para finalizar Rousseau está en contra del comercio internacional. En estos principios se sustentó la Revolución Francesa y el jacobinismo supuestamente representante de la «diosa razón».

No me cabe la menor duda de que ése fue el inicio del totalitarismo, que, como he dicho en otras ocasiones, fue la racionalización del despotismo.

Esos principios fueron avalados por Immanuel Kant, fundamentalmente en *La Fundamentación de la Metafísica de las Costumbres* (1785) donde dice: «De esto surge la proposición de que el soberano de un estado sólo tiene derechos en relación a sus súbditos y no deberes coercibles. Más aun la constitución real no puede contener ningún artículo que pueda hacer posible para algún poder del estado resistir o contener al supremo ejecutivo en casos en que violase las leyes constitucionales».

Como podemos ver en estos presupuestos está la contradicción respecto a la libertad basada en los límites al poder político, tal como lo propuso inicialmente Locke y que fue seguida por los *Founding Fathers* en Estados Unidos.

Pero la mayor contradicción entre Kant y Locke surge en el ámbito de la ética.

Como se recordará Locke estableció que el derecho a la búsqueda de la felicidad era el principio de la libertad.

Kant, por el contrario, sostiene que la búsqueda de la felicidad es deshonesta, pues se hace por interés y no por deber. Por tanto basado en este principio considera igualmente que el comercio es deshonesto, pues se hace por interés y no por deber. Así, en su *Idea para una Historia en sentido Cosmopolita* (1784), después de sostener que la razón está en la historia, que por tanto podemos considerar el inicio del historicismo, dijo: «El hombre desea la concordia, pero la naturaleza, conociendo mejor que es bueno para sus especies, desea la discordia».

O sea esta es la supuesta justificación ética de la guerra sobre el comercio.

Los anteriores principios fueron llevados a sus últimas consecuencias por Friedrich Hegel, quien determinó que el Estado era la «divina idea tal como se manifestara sobre la tierra». Consecuentemente el individuo no tenía más razón de ser que su pertenencia al Estado. Por ello igualmente concluía que la guerra era el momento ético de la sociedad.

En esa concepción pues continuó el proceso del historicismo –la razón en la historia– y así esa razón la convirtió en lo que he denominado «logo-teismo». O sea que la historia era la razón de Dios.

En ese proceso la dialéctica deja de ser un sistema de conocimiento platónico para convertirse en el proceso de la historia a través de las contradicciones. Y por supuesto en esa cosmovisión el Estado juega un papel determinante y la burocracia representa la ética de la sociedad frente a la concupiscencia de las corporaciones.

Finalmente llega Kart Marx y la revolución proletaria a fin de cumplir con el mandato rousseauniano de eliminar la propiedad privada, como presupuesto ético del camino al comunismo donde el estado desaparecería.

Marx consideraba, a diferencia de Hegel, que la burocracia no representaba la ética de la sociedad, y había de llegarse al nirvana de la anarquía a través de la dictadura del proletariado. O sea el marxismo es teóricamente anárquico y en la práctica dictatorial.

A mi juicio tácticamente la dictadura del proletariado fue la justificación del estado absoluto en el supuesto del camino al comunismo, donde se pasaría de cada cual de acuerdo a sus habilidades a cada cual de acuerdo a sus necesidades.

A los hechos me remito, y la obviedad histórica de que la dictadura del proletariado sigue creando más necesidades imposibles de satisfacer.

Visto lo que antecede no puedo creer que aun se considere que existe la civilización occidental y se ignore que tal como escribiera Balint Vaszonyi, La filosofía política Franco-germánica y la Anglo-americana son tan diferentes como el día y la noche. La primera dio lugar al totalitarismo y la segunda a la libertad por primera vez en la historia. Creo en la evidencia de que de no haber sido por los Estados Unidos el llamado mundo occidental, incluido Latinoamérica seríamos nazis o comunistas.

Lamentablemente hoy las ideas de la libertad son cuestionadas por la izquierda de la mano de la social democracia en Europa. Y el mundo sigue confundido en la concepción del imperialismo americano.

Esperemos que tomemos conciencia de esta realidad histórico- política y encontremos el camino de la libertad para salir de la crisis del socialismo. Ya deberíamos saber que el socialismo democrático no resuelve los problemas sino que los crea, y ahí tenemos la crisis europea que aparentemente no tiene salida dentro del sistema que la creó y el *Rule of Law* sigue ignorado mediante la farsa de la crítica al capitalismo salvaje.

IV- La naturaleza humana en la historia

Tengo una discrepancia profunda con la presente teoría respecto a que el tiempo y la tecnología estarían cambiando la naturaleza humana. A partir de la misma se concluye que llegará un tiempo en la historia en que la sociedad podrá vivir sin gobierno y viviríamos en un mundo anárquico.

Si analizamos hoy la naturaleza humana siguiendo las consideraciones de David Hume de hacerlo mediante la historia, podemos comenzar por sus aseveraciones al respecto en su *Tratado Sobre la Naturaleza Humana* donde dijo: «Es imposible cambiar o corregir algo en nuestra naturaleza. Lo más que podemos hacer es cambiar nuestras circunstancias y situación, y rendir a la observancia de las leyes de la justicia nuestro interés más cercano».

El sistema que cambió al mundo no fue producto de un cambio en la naturaleza humana, sino de la conciencia de la misma. Hoy podemos ver que la problemática pendiente internamente en nuestro mundo Occidental es la vigencia de la demagogia a través del socialismo supuestamente sustentado en la falacia de la igualdad. Y como dijo Karl Popper: «Luché por la igualdad hasta que me percaté de que en la lucha por la igualdad se perdía la libertad, y después no había igualdad entre los no libres».

Pero es un hecho notorio el progreso del mundo que ha tenido lugar desde hace apenas 200 años, como lo muestra William Bernstein en *The Birth of Plenty*. Entonces lo importante es determinar cuáles fueron los determinantes de ese progreso, y decididamente no fue un cambio en la naturaleza humana. Podemos ver que el rumbo lo cambiaron las ideas que determinaron los comportamientos.

Me voy a permitir comenzar con John Locke al respecto cuando reconoció que los monarcas también son hombres y por tanto hay que limitar las prerrogativas del rey. Y siguiendo esa pauta escribió en su

Segundo Tratado del Gobierno Civil: «Si los hombres cuando al abandonar el estado de naturaleza entran en una sociedad, ellos acuerdan que todos ellos menos uno deben estar bajo las restricciones de la ley. Esto es pensar que los hombres son tan tontos que esperan evitar las travesuras que pueden hacer las mofetas y los zorros, pero están contentos y piensan que es seguro ser devorados por leones». Y en su *Ensayo Concerniente al Entendimiento Humano,* determinó que el derecho del hombre a la búsqueda de su felicidad era el principio fundamental de la libertad. Este pensamiento significa que los intereses privados no son contrarios al interés general. Cuando el sistema se basa en lo contrario, lo que tenemos es el derecho del interés privado de quienes supuestamente defienden el interés general.

Estos principios fueron llevados a la práctica en Inglaterra a partir de la *Glorious Revolution* de 1688, y determinaron la subsiguiente Revolución Industrial. Hasta esa fecha Inglaterra era uno de los países más atrasados de Europa. Seguidamente fueron aplicados en Estados Unidos por los *Founding Fathers* a partir de la Constitución de 1787 y el *Bill of Rights* de 1791. Madison tomó conciencia del pensamiento de Hume respecto a la naturaleza humana, y la Constitución se basó en que los hombres no eran ángeles ni eran gobernados por ángeles. En cien años Estados Unidos pasó a ser la primera economía mundial.

Las anteriores observaciones son una muestra histórica de que el proceso no se basó en un cambio en la naturaleza humana, sino precisamente en el sistema político que tomara conciencia de la misma.

Fue por el contrario el pensamiento de Rousseau, que tal como lo explicita en su *Contrato Social* dice: «Cualquiera que se atreve a tomarse el trabajo de instituir una nación, tiene que sentirse capaz de cambiar la naturaleza humana». Y seguidamente concluye: «Así como la naturaleza le da a cada hombre poder absoluto sobre las partes de su cuerpo, el pacto social le da al cuerpo político poder absoluto sobre sus miembros» (Soberanía). No me cabe la menor duda de que de estos principios surgió el totalitarismo como la racionalización del despotismo, que fuera implementado por Robespierre en la Revolución Francesa bajo la égida de la «Diosa Razón».

Otro error en nuestra conciencia ha sido la creencia de que fue la Revolución Francesa el inicio de la libertad en Occidente.

Como bien señala Peter Drucker: «No puede negarse que la Ilustración y la Revolución Francesa contribuyeron a la libertad en el siglo

XIX. Pero su contribución fue totalmente negativa. Hay una línea directa desde Rousseau hasta Hitler. Una línea directa que incluye a Robespierre, a Marx y a Stalin».

A esa línea yo añadiría a Kant y a Hegel, y hoy operativamente los Castro.

Y sigue diciendo algo que considero igualmente fundamental: «Tan difundida y tan falaz como la creencia de que la Ilustración engendró la libertad del siglo XIX, es la creencia de que la revolución Norteamericana se basó en los mismos principios que la Revolución Francesa y que fue efectivamente su precursora».

He hecho todas estas citas para muestra de que el mundo en que vivimos surgió en una discrepancia en las ideas que determinaron la libertad y el totalitarismo, y no en un cambio en la naturaleza humana, que como tal había sido descripta por Aristóteles hace 2500 años cuando se refirió a la demagogia y determinó que la democracia destruía la república y así escribió: «Cuando el pueblo se hace monarca, viola la ley y se hace déspota, y desde entonces los admiradores del pueblo tienen un gran partido».

Esa batalla continúa hoy en la palestra y el socialismo se ha apropiado de la adoración del pueblo en nombre de la falacia de la igualdad económica en gran parte de Occidente, con la Unión Europea incluida. Por su parte al mundo islámico no parece haber llegado la «Diosa Razón» sino que prevalece el despotismo en nombre de la deidad, que determinara hereje a todo aquel que no participa de su creencia. Por esa razón pienso que según una reciente información le enseñan a los estudiantes las Cruzadas, y tal como se hacía en aquella oportunidad en Occidente, se le ofrece un mundo trascendente al que muere en la batalla. Así a mi juicio surge el terrorismo como la venganza de las Cruzadas y ha pasado a ser la guerra del siglo XXI.

Hoy tenemos presente asimismo en Cuba la presencia de Robespierre y Rousseau, Marx mediante, bajo la dirección de Raúl Castro, y Venezuela en esa dirección bajo Maduro y con la colaboración política y militar cubana.

Pero ante esta realidad todo parece indicar que Locke se ha perdido en Occidente, con América Latina incluida, y Rousseau está presente. Estados Unidos pacta con Raúl Castro, el Papa lo visita y en América Latina, donde la mayoría de los países enfrentan políticamente a Maduro, se ignoran los crímenes de los Castro, a los presos políticos cubanos y la falta de libertad prevaleciente.

Ahora nos encontramos en Venezuela en el camino de Cuba, donde el poder político controla el poder militar, y ese proceso se manifiesta en que recientemente han matado a 120 de los que piden la libertad en la calle. Consciente de esa realidad y de la experiencia de la República Dominicana, Trump ha amenazado a Maduro con usar la fuerza militar para lograr la libertad en Venezuela. Pero en esa propuesta enfrenta a los países latinoamericanos que pretenden la libertad en Venezuela, e insisten, que se la debe lograr por acuerdo. Así al respecto la presidente de Chile, la Sra. Bachelet, manifestó públicamente que está totalmente en contra de usar las armas contra Maduro, y que hay que hacerlo democráticamente. Al momento la respuesta de Maduro fue la determinación por decreto que la Asamblea Nacional Constitucional, dominada por sus aliados, asumiera la competencia del parlamento.

Es decir se elimina así la disponibilidad política de la oposición.

Ante estas realidades podemos ver que la naturaleza humana no ha cambiado ni hay alteraciones biológicas en la misma, y consecuentemente persiste la problemática tradicional en el mundo de las ideas que se traduce ineludiblemente al plano político.

El cambio en el caso de las guerras se ha producido como consecuencia de la creación de las armas nucleares.

Así se estaría cumpliendo la predicción de Alberdi al respecto cuando escribió: «Las guerras serán más raras en la medida de que la responsabilidad por sus efectos se haga sentir en los que las declaran y las incitan». Por tanto hemos podido ver que la guerra fría permaneció fría, y recientemente parece que Trump estaría llegando a un acuerdo con Corea del Norte.

Pero insisto en que el poder absoluto interno se sostiene bajo el control de las armas, y la historia muestra desde la Revolución Francesa pasando por la Rusia comunista y la Alemania nazi incluyendo a Cuba, Venezuela y Corea del Norte. Como bien dijera Maquiavelo: «El príncipe no puede controlar el amor pero sí el miedo».

Sigamos pues las enseñanzas de David Hume al respecto de que la historia es aprendizaje. Y a partir de ella recuperemos la determinación histórica de las ideas, y olvidemos el intento de cambiar la naturaleza humana.

V- El sistema ético-político

En primer lugar, el dinero es instrumental y no un objetivo. Es un medio y no un fin. Por tanto no es el que define la naturaleza humana, que fuera reconocida originalmente por John Locke cuando dijo los monarcas también son hombres y por tanto había que limitar sus prerrogativas. Y en ese sentido igualmente reconoció el derecho del hombre a la búsqueda de su propia felicidad como el principio fundamental de la libertad.

Al conceptualizar la ética no se puede desconocer el principio de David Hume respecto a la naturaleza humana, y así escribió: «Es imposible cambiar o corregir algo material en nuestra naturaleza, lo más que podemos hacer es cambiar nuestras circunstancias y situación y rendir la observancias de las leyes de la justicia nuestro interés más cercano». Y siguiendo con la justicia concluyó: «Es solamente por el egoísmo y confinada generosidad del hombre, en conjunto con la escasa provisión que la naturaleza ha hecho para sus deseos, que la justicia deriva su origen. Pero es evidente que la única causa por la cual la extensa generosidad del hombre y la perfecta abundancia de todo, destruiría la mera idea de la justicia es porque ellas la rinden inútil». Y lamentablemente éste es un problema vigente respecto a la teoría sobre el efecto que sobre la naturaleza del hombre tendría el adelanto tecnológico.

La validez de ese pensamiento lo muestra la historia, y por supuesto ya Aristóteles había reconocido la naturaleza del hombre. Por alguna razón el mundo vivió hasta hace apenas doscientos años como vivía Jesucristo, tal como lo describe William Bernstein en *The Birth Of Plenty*.

Evidentemente la evolución hacia la libertad y la creación de riqueza se debió al sistema ético político que la reconoció como tal, y ese proceso se inició en Inglaterra con la *Revolución Gloriosa* de 1688, y que determinara la Revolución Industrial que comienza en 1740.

Como bien dijera Ayn Rand: «La filosofía americana de los derechos del hombre nunca estuvo completamente al alcance de los intelectuales europeos».

Evidentemente en contra de la filosofía de John Locke y de David Hume, que determinaran la concepción política de los *Founding Fathers* en Estados Unidos, estuvieron Rousseau, Kant, Hegel y Marx, quienes fueron los creadores del totalitarismo como la racionalización del despotismo.

En ese sentido primeramente Rousseau propuso la creación de un «hombre nuevo» y el poder ilimitado del monarca.

Kant descalificó éticamente la búsqueda de la felicidad, por considerarla deshonesta pues se hacía por interés y no por deber, y consiguientemente descalificó el comercio estando a favor de la guerra como una contribución de la naturaleza.

Hegel siguiendo en ese camino reconoció que la guerra era el «momento ético de la sociedad». Por tanto todo parece indicar que Kim Jong-un es un predicador de la ética en Korea del Norte. Por último Marx descalificó el derecho de propiedad como la explotación del hombre por el hombre.

Así al respecto Ayn Rand reconoció: «La noción tribal del bien común ha servido como la justificación de la mayoría de los sistemas sociales y de todas las tiranías en la historia».

Al respecto voy a citar a Juan Bautista Alberdi, quien escribió: «El egoísmo bien entendido de los ciudadanos, sólo es un vicio para el egoísmo de un gobierno que personifica a los estados».

Por tanto tenemos que reconocer que la libertad se basó en el reconocimiento de la naturaleza humana, tal como lo dijera Madison, cuando a mi juicio siguiendo el pensamiento de Hume escribió: «Si los hombres fueran ángeles no haría falta el gobierno, y si fueran a ser gobernados por ángeles no sería necesario ningún control al gobierno».

El gobierno es una administración de hombres sobre sobre hombres. La consecuencia es la necesidad de limitar el poder político como lo había previsto Locke. Y la limitación el poder político se basó en el sistema llamado *Judicial Review*, de acuerdo con el cual el Poder Judicial tenía el deber y la función de decir qué es la ley de conformidad con la Constitución.

Ya Adam Smith había reconocido que cuando el poder Judicial

está unido al poder Ejecutivo la justicia es tan solo pura política. Y por tanto es importante igualmente reconocer que ese proceso no se inició tampoco como consecuencia de la naturaleza de los anglosajones, ni tampoco de la religión protestante.

Argentina es una prueba evidente de esa realidad pues fue el tercer país del mundo en tener ese sistema político. Por ello a principios del siglo XX tenía un ingreso per cápita mayor que el de Francia, Alemania e Italia.

Con respecto a la libertad religiosa recordemos también el pensamiento de Adam Smith que dijo: «Habrá libertad religiosa cuando haya libertad de sectas» Y eso fue lo que ocurrió en Estados Unidos con los *pilgrims*. Por el contrario los anglicanos en Inglaterra no tenían libertad religiosa, y por ello viajaron los *pilgrims*.

Lamentablemente el problema político que enfrenta Occidente es precisamente la ignorancia de esa concepción ética en nombre de la falacia de la igualdad económica.

Marx está presente vía Eduard Berntein, que en su *The Preconditions of Socialism* escribió en su discusión con Lenin «Al socialismo no hay que llegar por revolución sino democráticamente». Como consecuencia hemos visto cumplida la predicción de Aristóteles cuando reconoció que la democracia destruye la república.

Cuando los derechos son del pueblo los individuos carecen de derechos, y así el socialismo, aumentando el gasto público y consecuentemente los niveles de impuestos, viola el derecho de propiedad y el derecho a la búsqueda de la felicidad. Y la economía no crece.

Intentar confundir la razón de ser de la naturaleza humana con la existencia del dinero es un error conceptual que tendría resultados políticos nefastos.

El dinero no es el objetivo, sino un medio para lograrlo. Por tanto no es la creación del dinero lo que determinó el egoísmo en el ser humano sino un medio para satisfacerlo y crear la riqueza de los bienes, que si son los objetivos que satisfacen nuestros deseos.

VI Economía

I- Stiglitz y yo

El señor Joseph E. Stiglitz ha publicado un libro cuya traducción al castellano ya está disponible bajo el título *El Malestar en la Globalización*.

Con respecto al mismo, la revista *The Economist* escribió recientemente: «el libro no trata de la globalización como pretende; su crítica al FMI fue pobremente argumentada; fue confusa y malamente escrito; su tono fue insoportablemente auto apreciativas; las políticas que propuso eran en muchos casos importantes inviables, e hizo acusaciones arbitrarias de malas conductas personales que eran completamente insostenibles. Más allá de eso, a nosotros nos gustó mucho». El último juicio parece la negación misma en términos genéricos, pero era la tónica de *The Economist*. Ése no es mi caso. Hay una parte del libro con la que indudablemente estoy de acuerdo y en muchos aspectos lo escribí antes que el señor Stiglitz, como son las críticas a las políticas del FMI, basadas en el denominado «enfoque monetario del balance de pagos», que es el sustento teórico del modelo de Polak.

Según Stiglitz, existe una evidente contradicción en la existencia misma del FMI a partir del denominado Consenso de Washington. Es decir, que el FMI a partir de Bretton Woods se creó bajo el presupuesto keynesiano de que los mercados en ocasiones no operaban eficientemente y la necesidad de los gobiernos de actuar para crear empleos. El Consenso de Washington habría sacralizado al mercado, lo que para Stiglitz significa una idolatría contradictoria con la propia función del FMI, pues su existencia sólo se justifica precisamente porque los mercados fallan.

El anterior argumento parece de una lógica incontrovertible, y sin embargo es un sofisma, donde la primera premisa es falsa.

La idea de que de un lado se encuentra el mercado como una entelequia que enfrenta otra entelequia, que es el Estado, es falsa de

plena falsedad. Tanto el mercado como el Estados son meras denominaciones universales, que están compuestas por hombres de carne
y hueso que toman decisiones. En todos los casos, las decisiones de los
mercados, o sea de los individuos que los componen, están influen-
ciadas por las decisiones de los gobiernos, y en los últimos tiempos
igualmente por las decisiones del FMI.

Según Stiglitz, la desregularización y liberalización de los
mercados de capitales, lejos de mejorar la situación de los países en
desarrollo, en muchos casos la ha empeorado. En otras palabras, la
mal denominada globalización aparentemente habría producido más
mal que bien. En ese sentido, Stiglitz señala, y coincidimos con su
apreciación, que mientras los países desarrollados recomiendan la
apertura de los mercados en los países en desarrollo, ellos hacen lo
contrario, y en particular subsidian la agricultura, que es precisamente
el sector en que aquellos tendrían ventajas comparativas.

En otras palabras, nosotros hemos sostenido que la globalización
como tal no existe por las siguientes razones: en primer lugar, porque
es cierto que se han liberado los mercados de capitales, pero no se ha
hecho lo propio con los mercados de productos; en segundo lugar,
pero no menos importante, nos encontramos con que las comunicaciones han globalizado la información pero no la formación. Es decir
que el mundo se entera de todo lo que pasa, pero sigue ignorando por
qué pasa. Es así, entonces, que parece haberse aceptado que la división
del mundo entre poseedores y desposeídos (*have* y *have nots*) es un
hecho telúrico, en el mejor de los casos, y en el peor como el resultado
de una conspiración de los primeros para empobrecer a los segundos.
A esta segunda tesis es la que parece adscribir Stiglitz en su crítica a
las políticas del FMI.

Conforme a esa teoría, Stiglitz sostiene que «hay dinero para rescatar bancos, pero no para mejorar la educación y la salud, y menos
para rescatar a los trabajadores que pierden sus empleos como resultado de la mala gestión macroeconómica del FMI».

No me cabe la menor duda de que muchas políticas apoyadas por
el FMI, y particularmente la Argentina de la «convertibilidad», no
fueron exitosas o peor aun fueron desastrosas. Pero de ninguna
manera compartimos la idea de que ése es el resultado de una conspiración del sistema financiero internacional. Por el contrario, pen-
samos que se debe precisamente a la teoría económica que subyace

tales políticas, y que sería el denominado modelo de Polak, de donde surge la visión monetarista de que el único desequilibrio es causado por la expansión monetaria a través del crédito doméstico.

Coincidimos entonces con Stiglitz en su juicio respecto a que el aumento de las tasas de interés como medio para combatir la inflación puede resultar, y así ha ocurrido, que el remedio es peor que la enfermedad. Igualmente es verdad que la entrada de capitales puede provocar, y de hecho así ha resultado, la sobrevaluación de la moneda nacional, y la consiguiente pérdida de competitividad. Es indudable que la rebaja de aranceles al mismo tiempo que se expande el gasto público y se mantiene un tipo de cambio nominal fijo es una forma de destruir a los productores de bienes transables, y consecuentemente se produce la desocupación. Pero nuevamente el problema no es la apertura, sino la sobrevaluación monetaria que surge de la incompatibilidad entre la política cambiaria y la fiscal.

Pero lo que Stiglitz parece ignorar es que el determinante de ese desequilibrio es la incompatibilidad de la expansión del gasto público con el control monetario y la fijación del tipo de cambio nominal. Ésa es la causa de las elevadas tasas de interés que atraen el capital en tanto y en cuanto perciben que se mantendría el tipo de cambio nominal como ancla para evitar la inflación.

Es nuestro criterio que indudablemente esta política confunde los fines con los medios, y el desequilibrio se produce como consecuencia de que la tasa de interés real supera ampliamente la tasa de retorno de la economía, particularmente de los productores de bienes transables. Esto fue lo que ocurrió en el Sudeste de Asia así como en México, y está ocurriendo en Brasil y por supuesto en Argentina.

O sea que nuestra discrepancia parte de la razón de ser del desequilibrio.

Éste surge como consecuencia de que el aumento del gasto público como un intento de igualar los ingresos a través de crecientes derechos (privilegios) sociales resulta en un nivel de impuestos que es impagable para una gran parte del sector productivo.

En ese sentido debe tenerse en cuenta que el nivel de gasto público sustentable depende de la productividad de cada economía. Cuando existe una baja productividad, el aumento del gasto en términos reales determina un incremento en el costo de producción y una caída en la rentabilidad. Finalmente, cuando los impuestos no se pagan, surge como consecuencia el déficit fiscal, que dada una política monetaria restrictiva se financia con crédito externo y finalmente se produce tanto el *default* como la devaluación.

Lamentablemente, las políticas del FMI se han basado en corregir el déficit fiscal mediante el aumento de los impuestos, ya que en general no han podido influir en el nivel de gasto.

Pero ese es un error de concepto, que surge precisamente del monetarismo, y no una conspiración.

Por supuesto, dada la prédica de la izquierda y del antiimperialismo, la teoría conspirativa expuesta por Stiglitz no hace más que darle la razón a los que creen o sostienen que la culpa del fracaso de las políticas de apertura, liberalización y privatizaciones la tiene el neoliberalismo, o sea el denominado capitalismo salvaje.

La realidad, sin embargo, es que lo que hizo fracasar esas políticas fue el despilfarro público.

Sí estamos de acuerdo con Stiglitz en que las políticas de contracción de la demanda agregada, una vez que se produce la recesión son totalmente contraproducentes. Ahora bien, la idea no debe ser suprimir al FMI, pues insisto tanto como Charles Kindleberger en la necesidad de un prestamista de última instancia a nivel internacional.

Lo que se debe hacer es revisar los supuestos en que se basan las políticas del FMI, particularmente en estos momentos en que los denominados tipos cambio flotantes pueden convertirse en una nueva versión de las devaluaciones competitivas.

Es cierto igualmente que el FMI nunca comprendió la naturaleza de la crisis asiática, pero también es verdad que esto no se debe a una colusión de los bancos con el FMI. Así como también es insostenible la acusación hecha a Fisher por haber ido a trabajar al Citicorp.

El problema sigue siendo el mismo. El esquema analítico a partir del cual se diseñan las políticas está equivocado, y es éste el que resulta necesario corregir. Y en esto Stiglitz también se equivoca, pues si bien estamos de acuerdo que una política monetaria y fiscal restrictiva en el medio de una recesión es un absurdo –sin necesidad de ser keynesiano– no es menos cierto que la visión de una mayor injerencia del Estado en la actividad económica no es la solución sino el problema. Más regulaciones significan más corrupción y menos seguridad jurídica. Y sin seguridad jurídica, es decir el reconocimiento pleno de los derechos de propiedad, no hay crecimiento posible.

También compartimos la aseveración del Stiglitz respecto a que el FMI carece de una teoría coherente para sustentar sus políticas.

La adscripción al monetarismo, sustentada en el supuesto de que todo desequilibrio surge de la expansión del crédito doméstico, implica ignorar las verdaderas causas de las crisis que enfrentamos en la actualidad. Es decir, ignorar la importancia de la tasa de interés real vs. la rentabilidad del capital –la eficiencia marginal del capital: Keynes– significa desconocer el verdadero síntoma del desequilibrio.

La idea de que el anclaje del tipo de cambio es la forma de resolver el problema de la inflación ignora asimismo la causa que determina fundamentalmente el déficit de cuenta corriente. Debo añadir que aun la teoría keynesiana hoy debe ser sujeta a una revisión profunda en la medida que el gasto público ha pasado a ser un factor determinante del costo de producción, y por tanto del tipo de cambio real. Pero insisto, ello no significa que refleje una colusión en el sistema financiero ni tampoco una contradicción respecto a la preferencia por la libertad de mercados, aun en plena conciencia de que estos no son perfectos o que nunca fallan en sus apreciaciones.

Por último, no se puede olvidar que el denominado «sistema financiero» no son las instituciones, cuyo capital en muchos casos no llega al 3% del ahorro que administran.

Por tanto, cuando se está en contra del «sistema financiero», en la realidad se está en contra de los ahorristas, es decir de los depositantes.

Un colapso del sistema financiero internacional significa no otra cosa que la pérdida de los ahorros, y peor aun y tal como pasó en el '29, la caída vertical de la economía mundial.

Esto debemos tenerlo muy en cuenta en la Argentina. Nunca subestimemos la estupidez humana.

II- Inflación

Parece haberse planteado la conveniencia de dolarizar la economía argentina como una aparente solución a la problemática de la inflación y la devaluación del peso.

En ese sentido se ha manifestado la brillante periodista del *Wall Street Journal* Mary Anastasia O'Grady, quien al respecto de la inflación de un 40% en el año y la caída del PBI escribió: «La pregunta que parece estar en los labios de todo el mundo es: ¿Por qué está pasando esto otra vez, bajo un presidente que se supone implica el cambio? La respuesta: Porque Argentina todavía tiene un Banco Central. Para resolver el problema de una vez y para siempre, debe dolarizar».

Me voy a permitir discrepar con la solución propuesta por Mary Anastasia al problema que correctamente plantea cuando dice: «En el 2016 y el 2017 el gobierno continuó gastando más que sus medios y tomando préstamos en dólares en el mercado de capitales internacionales para financiar el déficit».

No estoy de acuerdo en considerar que la dolarización implica la solución de la problemática que enfrenta la economía argentina.

Para comenzar me voy a referir a un artículo publicado en *Foreign Affairs* titulado *Europe's Ugly Future* (El Feo Futuro de Europa). En el artículo Andrew Moravcsik describe el error que significa tener una moneda común entre países que tienen políticas monetarias, fiscales y laborales distintas. Y en función de ello expone cómo la comunidad del Euro ha significado, a partir del 2007, que la economía alemana haya crecido un 7% en tanto que las economías de Bélgica, Francia y Holanda permanecieron estancadas, y las de Finlandia, Grecia, Irlanda, Italia y Portugal se han contraído más que cuando se produjo la Gran Depresión. Y siguiendo con el tema se refiere a «Argentina, que en 1991 esperaba frenar la inflación pegando el peso al dólar, lo cual determinó una severa crisis económica de la cual el país todavía no se ha completamente liberado».

Perdón que me haya referido a esta larga observación, pero no puedo menos que compartir las conclusiones al respecto del mantenimiento de una moneda común cuando se tienen políticas fiscales y monetarias distintas. Ya deberíamos saber que la problemática argentina no es el tipo de cambio sino el exceso de gasto público y el consiguiente déficit fiscal que se enfrenta y al que se refirió Mary O'Grady.

En ese sentido voy a insistir en que la reciente devaluación del peso no es la causa de la crisis que vive el país sino, por el contrario, ha sido el resultado del desequilibrio creado por la revaluación del peso, que de acuerdo a mis estimaciones en diciembre del 2017 alcanzaba al 42%. Las consecuencias fueron déficit comerciales que en el año 2017 alcanzó a u\$s8.400 millones y esa tendencia todavía sigue en lo que va del año.

De acuerdo a las últimas informaciones respecto a los precios en Argentina, en los primeros 9 meses del año la inflación alcanzó a un 29,3%. De acuerdo a mis estimaciones la relación con el nivel de precios de Estados Unidos, basada en que en el 2001 el peso estaba revaluado en un 45%, la paridad cambiaria en septiembre alcanzaría a $31.82 por dólar. Por tanto el peso en la actualidad estaría devaluado en un 25%.

Si el precio del dólar se mantiene y la inflación en el año alcanza al 42% el tipo de cambio de paridad sería $34,72 por dólar, y el peso estaría devaluado en un 16,7%.

La devaluación no es la causa de la inflación sino la consecuencia necesaria para evitar la revaluación, que implica la pérdida de competitividad.

De nuevo voy a citar a Friedman que reconoció que el problema no era el déficit fiscal sino el nivel del gasto y escribió: «El total del peso del impuesto es lo que el gobierno gasta y no esos recibos llamados impuestos. Sin reducción del gasto, por tanto la reducción nominal de los impuestos meramente disimula más que reducir el peso».

Qué sentido tiene mantener un nivel de gasto que supera el 50% del PBI y proponer un cambio en la moneda?

Es indudable que la problemática heredada por Macri a su llegada al poder era el nivel del gasto público, que el gobierno de los Kirchner lo había aumentado del 22% del PBI al 45% del PBI. Por consiguiente la solución al desequilibrio heredado era la reducción del gasto público, que tal como lo reconoce Mary O'Grady, Macri en lugar de reducirlo lo incrementó. En el 2016 lo aumentó un 40%, y de acuerdo a mi última estimación en el 2017 alcanzó al 52% del PBI.

Entonces voy a insistir en el hecho de que el problema no es la inflación sino el nivel del gasto. Si bien Moravcsik se refirió a que la causa de la crisis europea ha sido el mantenimiento de una moneda común, es un hecho que la causa origen de la crisis a la que se refirió ha sido el aumento del gasto público.

Y en ese sentido Europa es un ejemplo de que se puede tener crisis sin inflación.

Siguiendo con la problemática planteada, Macri se refirió a que iba a aumentar los impuestos. Al respecto debemos tener en cuenta la tesis de Laffer, según la cual la reducción de los impuestos determina un incremento en la recaudación. Por tanto podemos concluir que cuando se aumentan los impuestos se reduce la recaudación. Y este hecho está expuesto por George Gilder, quien escribió que el incremento de los impuestos determina un incremento de los precios, y consecuentemente cae la inversión que a su vez determina la caída de la tasa de crecimiento económico. Esa realidad la refleja la evolución de la economía argentina, que esp el año el PBI cayó un 2,5%.

No obstante esta situación el riesgo país bajó un 10%. Es decir que aparentemente se está reconociendo la posibilidad de solucionar la crisis como consecuencia del acuerdo con el FMI y el apoyo de Trump a Macri.

Es un hecho que la supuesta tendencia de Cambiemos es superar la crisis que ha sufrido la Argentina en los últimos 70 años restaurando la seguridad jurídica.

O sea, insisto, han sido buenas las intenciones, pero lamentablemente hasta la fecha erróneas las implementaciones.

No obstante el gobierno, de acuerdo con el FMI, no está dispuesto a establecer otra convertibilidad y por supuesto tampoco la dolarización. Es imprescindible que se defina el proceso de reducción del gasto público como *conditio sine qua non* para lograr los objetivos de reponer a la Argentina en el proyecto político que la llevó a los primeros lugares del mundo en los primeros años del siglo XX.

III- Tecnología y crecimiento económico

El avance tecnológico en el mundo parece crear una nueva confusión respecto a definir causa o efecto.

La pregunta pendiente es: ¿Por qué existen países desarrollados y países no desarrollados?

Voy a resaltar una frase de Alexis de Tocqueville que me parece trascendente: «La riqueza de las naciones depende de la libertad de sus ciudadanos y no de la fertilidad de sus tierras».

Evidentemente cuando hablaba de Tocqueville no existía el proceso tecnológico que hoy estamos viviendo, por ello me voy a permitir sustituir relativamente en su frase la tierra por la tecnología. Por tanto el problema de la riqueza a mi juicio continúa dependiendo de la libertad de los ciudadanos.

Tengo la impresión que se ignora que, tal como lo describiera William Bernstein en *The Birth of Plenty*, hasta hace apenas doscientos años el mundo vivía como vivía Jesucristo. ¿Cuál fue entonces la razón de ser del atraso histórico y del proceso que determinó la libertad y la riqueza por primera vez en la historia?

Cuáles fueron entonces los factores que determinaron que el mundo diera ese salto cuántico en la historia, y no obstante ello muchos países continúen en la pobreza y subdesarrollados. Y al respecto insisto que la tecnología ante el mundo de las comunicaciones está disponible y parece ignorada en los países en desarrollo. Por tanto la primera decisión que voy a tomar es que no ha sido la tecnología la determinante del progreso, sino la consecuencia del progreso en el mundo de las ideas ético políticas.

Qué tecnología podía crearse en un mundo cristiano cuando durante toda la Inquisición al que decía que la Tierra le daba la vuelta al Sol se lo consideraba hereje, y consecuentemente fuera quemado?

Recordemos al respecto que a Galileo Galilei, por aceptar la tesis de Copérnico, la Iglesia lo declaró hereje. Pero el Cardenal Belarmino le recomendó que dijera que su tesis no era que la Tierra le daba la vuelta al Sol sino tan sólo que era una teoría para comprender los movimientos de los cuerpos celestes. Aceptar esa tesis le permitió que no lo quemaran vivo sino que tan sólo tuviera que mudarse y no dar más clases.

Por siglos la guerra era el objetivo de los Estados, y como al respecto Hegel señalara: «La guerra es el momento ético de la sociedad». Por si alguna duda quedaba sobre la libertad dijo: «El estado es la divina idea tal como se manifiesta sobre la tierra». En esos dos preceptos se basaba el Derecho Divino de los Reyes, y la perpetuidad de las guerras como escribió Montesquieu: «Los musulmanes decían que los cristianos eran los que más se mataban entre ellos». Y tal fue lo que ocurriera durante la guerra de los treinta años (1618-1648) donde murió gran parte de la población de Europa.

He hecho esta historia para explicar la situación que vivía el mundo con anterioridad al proceso que determinara el cambio histórico que creara libertad y riqueza por primera vez en la historia.

Fueron las ideas ético políticas las que determinaron el sistema que cambió la historia y consecuentemente dio inicio al avance tecnológico. Hoy se tiene conciencia de la tecnología, pero aparentemente se ignora el sistema que la determinara ante el avance del socialismo y el populismo.

Hoy todo parece indicar que en Occidente, que no es «la civilización occidental y cristiana», existe una alternativa pendiente entre las ideas que crean riqueza y las que determinan el acceso al poder. Por ello la demagogia está presente en la supuesta lucha por reducir la pobreza como instrumento de acceso al poder y creando más pobres.

Europa en el siglo XX se desarrolló gracias a haber perdido la Segunda Guerra mundial, y consecuentemente la instauración por los EEUU del Plan Marshall, que determinara en última instancia la adopción del sistema que creara la libertad. Por ello la Unión Europea logró un nivel de vida elevado, pero merced al socialismo ha subido el gasto público y desde hace unos diez años Europa prácticamente no crece. Y como ya sabemos cuando el gasto público alcanza al 50% del PBI de facto se está violando el derecho de propiedad así como el derecho a la búsqueda de la felicidad.

Voy a insistir en las ideas que cambiaron al mundo y que surgieron de John Locke, cuando percatado de la naturaleza humana –los monarcas también son hombres– propuso la necesidad de limitar el poder político y reconoció el derecho de propiedad. Esas ideas fueron recogidas por David Hume, quien escribió: «Es imposible cambiar o corregir algo material en nuestra naturaleza, lo más que podemos hacer es cambiar nuestra situación y circunstancia, y rendir a la observancia de las leyes de la justicia nuestro interés más cercano y su violación el más lejano». O sea la justicia, y al respecto reconoció la importancia del respeto del derecho de propiedad y del cumplimiento de los contratos.

Voy entonces a recordar un principio que considero trascendente y determinante de la evolución del mundo, que fuera la «mano invisible» de Adam Smith, quien así dijo: «Persiguiendo su propio interés él frecuentemente promueve el de la sociedad más eficazmente que cuando él realmente intenta el promoverlo. Yo nunca he conocido mucho bien hecho por aquellos que afectan actuar por el bien público».

Es innegable que esta observación es la prueba de la importancia del derecho a la búsqueda de la felicidad, que ya Locke lo considerara el principio fundamental de la libertad. Demás está decir que estos principios fueron adoptados por los *Founding Fathers* en los Estados Unidos a partir de la Constitución de 1787.

Hoy el conocimiento tecnológico le permitiría a los países pobres un crecimiento mayor que el de los países ricos, pues adoptando el sistema ético político al que me he referido pueden acceder a la tecnología existente, en tanto que los desarrollados requerirían un creciente adelanto tecnológico.

Por ello la China, adoptando el respeto al derecho de propiedad desde el supuesto poder comunista, ha logrado tener el 40% de la inversión extranjera y consiguientemente ha crecido a tasas inusitadas y pasado a ser la segunda economía mundial.

El problema pendiente en los países en desarrollo es la inseguridad jurídica, que impide la inversión extranjera y provoca a los nacionales exportar su capital.

La caída en la inversión determina la caída en la tasa de crecimiento económico.

Y otro aspecto a tener en cuenta es la política monetaria. Cuando la tasa de interés supera la tasa de retorno del capital el sistema financiero fenece. Tal fue lo ocurrido en Estados Unidos cuando Walker subió la tasa de interés al 23%, y en la Argentina con la 1050.

Por ello voy a repetir las palabras de George Gilder ,quien escribió: «Más tarde o más temprano los *Liberals* Americanos y los Laboristas Británicos van a descubrir que las restricciones monetarias son una forma maravillosa de destruir al sector privado dejando al sector público incólume». Y seguidamente concluyó que el gasto público no forma parte del producto sino del costo de producir.

Entonces volviendo a la tecnología voy a concluir que es necesario recordar cuál es la causa de la caída en la inversión privada, y esa es determinante de la pobreza.

Hoy Aristóteles está presente cuando advirtió que los pobres siempre iban a ser más que los ricos, y por ello la democracia era la destrucción de la república. Diría entonces que la república es el sistema del *Rule of Law,* que implica fundamentalmente los límites al poder político así como el respeto a los derechos individuales.

El acceso a la tecnología por tanto para los países en desarrollo depende de la inversión privada, y consecuentemente de la seguridad jurídica.

Por eso Jefferson dijo: «Un despotismo electivo no fue el gobierno por el que luchamos».

Por ello la tecnología no es causa sino consecuencia.

IV- Inflación y gasto público

En una reciente exposición el presidente del Banco Central Federico Sturzenegger expresó que en el primer trimestre del año el PBI creció un 1,1%, y que se prevé que en el segundo suba un 0,99%, niveles que anualizados alcanzarían entre un 4,3 y un 4,0%.

¿De dónde surgen esos datos? Hasta ahora no están disponibles, por tanto los mismos entrañan una predicción sin explicación de cuáles son las políticas que se están siguiendo para lograr ese resultado.

Seguidamente expuso la teoría de que si sube la inflación baja el PBI, y que cuando baja la inflación sube el PBI.

Me voy a permitir disentir con esa tesis.

Lo que determina en última instancia la caída en el PBI es el aumento del gasto público. Y si alguna duda cabe al respecto vale analizar el proceso económico de los principales países de la Unión Europea en los últimos cincuenta años.

Lo mismo ha ocurrido en Estados Unidos, donde la tasa de crecimiento económico en los últimos años ha caído a menos del 2% anual, incluida la crisis del 2008, en tanto que el gasto público se acerca en la actualidad al 40% del PBI. Y el problema económico argentino en la actualidad es el nivel del gasto público consolidado –nación y provincias– que de acuerdo a nuestras estimaciones en el 2016 alcanzó a 56% del PBI.

La conclusión del gobierno al respecto es que dado que espera que la inflación se reduzca en el año, habrá de producirse un incremento en la actividad económica.

Como podemos ver igualmente en los países europeos no hay inflación, y la economía europea no crece.

No obstante el Ministro de Hacienda Nicolás Dujovne prevé un crecimiento del 3% en el año, y al respecto dice: «Van nueve meses de crecimiento robusto y fuerte».

No se sabe a qué nueve meses se refiere pues todavía no hay datos referentes al segundo trimestre del año. Por tanto se estaría refiriendo a los últimos seis meses del 2016 y al primer trimestre del 2017. Pero he aquí que la economía argentina en el 2016 cayó un 2,3% respecto al año anterior,y los datos disponibles correspondientes al primer trimestre del año muestran un incremento del 0,3% respecto a igual período del 2016. Por tanto un crecimiento este año de un 3% solo determina un crecimiento del 0,67% respecto al nivel del PBI en en el 2015.

Respecto al tipo de cambio Sturzenegger se manifestó diciendo que el peso no estaba revaluado pues era el resultado del mercado libre.

Sí, pero no se puede ignorar que el mercado está condicionado por la política monetaria interna. Como ya hemos explicado la tasa de interés interna es negativa en términos reales. Recientemente se aumentó la tasa de interés de los lebacs al 26% anual, que podría ser positiva en términos reales si se reduce la inflación. En la medida que el precio del dólar se retrasa la tasa de interés resultante en dólares alcanza niveles siderales, precisamente en un mundo Occidental donde la tasa de interés fluctúa alrededor del 1% anual.

Por esa razón es posible que aumenten las reservas del Banco Central debido a la entrada de capitales financieros que compensan el déficit comercial registrado en los primeros cinco meses del año de u$s1863 millones.

Ya deberíamos saber que la revaluación monetaria determina una caída en los precios de los productos importados y un incremento de los precios internacionales de los productos nacionales. Ello implica un incremento en la demanda internacional, y una caída en las exportaciones de bienes nacionales.

O sea como bien lo describe Andrew Moravcsik en su articulo del *Foreign Affairs Europe's Ugly Future*. Allí se refiere al Euro, que impide que ciertos países de la Unión Europea puedan devaluar su moneda y consecuentemente aumenta la demanda de los productos alemanes. Asimismo se refiere a que cuando en 1920 muchos países retornaron al patrón oro culminara la Gran Depresión de la década del treinta.

La sobrevaluación del peso ha sido un problema pertinaz de la política económica argentina, regida por el presupuesto de que el control cambiario es instrumental para controlar la inflación. Por supuesto que la devaluación tiene un efecto inflacionario. La realidad es que la inflación es determinada por la política monetaria y fiscal, y la devaluación es su consecuencia, no su causa.

Tal como hemos mostrado en nuestro anterior informe el tipo de cambio de paridad del peso hasta mayo era de $21,97 por dólar. Consecuentemente con respecto al tipo de cambio actual que alcanza $17,39 por dólar, habría una revaluación del peso del 26,34%.

Volviendo a la problemática del gasto público, recordemos las palabras de Milton Friedman al respecto: «Lo que importa no es el déficit sino el nivel del gasto. El total del peso del impuesto es lo que el gobierno gasta, no esos recibos llamados impuestos. Si no se reduce el gasto, por tanto la disminución de los impuestos meramente disimulan más que reducen el peso».

Al respecto George Gilder añadió: «No es principalmente el déficit federal la causa de la inflación. Si el déficit fuera cerrado por impuestos más altos –y la oferta monetaria permaneciese constante– el nivel de precios subiría en la forma ortodoxa de la ley de costos».

Ya deberíamos saber que la experiencia argentina más reciente respecto a la revaluación del peso fue durante el gobierno de Menen. El mantenimiento del uno a uno y el desequilibrio causado por el mismo, fue denominado por la izquierda como «neo-liberalismo», para descalificarlo ética y económicamente. Y ese proceso de desequilibrio económico se produjo no obstante que el nivel del gasto público a la llegada de los Kirchner al poder no superaba el 23% del PBI.

El desequilibrio económico causado por el nivel del gasto público continúa siendo el impedimento de lograr el proceso de cambio favorable que pretende el gobierno de Macri.

Es decir la restauración de la seguridad jurídica, la apertura de la economía y la integración de la Argentina al mundo no ha logrado superar el desequilibrio económico heredado.

Hasta la fecha la política seguida por el gobierno es reducir el nivel de inflación vía la política monetaria, y como ya hemos explicado la inflación no es la causa del desequilibrio sino su consecuencia.

Es más, Macri se manifestó al respecto diciendo que no bajaría el gasto sino que haría crecer el PBI.

El problema es que en la medida que no se baje el gasto público no crecerá el PBI.

V- La Economía Americana y el «Stagflation»

Aparentemente la economía americana aparece ante una situación, quizás desconocida para Estados Unidos pero no para los países subdesarrollados, y en particular para nuestra propia experiencia. Tradicionalmente la inflación se definió como la consecuencia del aumento de los precios causada por un aumento de la demanda determinada por la expansión monetaria, en un proceso de crecimiento económico. O sea inflación y recesión se percibían como situaciones antitéticas.

La idea prevaleciente era que, tal como propuso Phillip David Cagan, una vez desatada la inflación la híper era una consecuencia irremediable, y en última instancia se producía la destrucción de la moneda. La hiperinflación alemana de la década del treinta era el caso paradigmático de esta tesis.

América Latina demostró que la hiperinflación era un caso extremo, y que se podía convivir, aunque ineficientemente, con procesos inflacionarios controlados.

Fue en nuestro medio que apareció por primera vez lo que en las economías desarrolladas, parecía una contradicción lógica, que era la posibilidad de inflación y recesión (*stagflation*).

Un aspecto ignorado en el análisis monetario de la inflación ha sido que el problema más grave de la misma, no es el nivel *per se* —dentro de ciertos límites— sino la modificación arbitraria de los precios relativos (Ingresos relativos). A partir de esa cosmovisión equívoca se ha desarrollado la teoría de que la inflación es un impuesto y una consecuencia demagógica que grava más a los pobres. Esta apreciación es una falacia.

En primer lugar porque los perjudicados por la inflación son los que tienen ingresos fijos.

En segundo término el impacto de la misma se produce en los

saldos monetarios no remunerados, o con tasas de interés más bajas que la inflación.

Con respecto a que la inflación es un impuesto debe ser condicionado.

Un impuesto por definición es una transferencia de ingreso del sector privado al público. Por tanto en el caso de la inflación este sólo se produce si el aumento del gasto es más elevado que la tasa de inflación. Cuando por el contrario el gasto público aumenta menos que la inflación tal impuesto no se produce.

Otro aspecto trascendente de la inflación es el que se relaciona con la tasa de interés.

Por su parte fue Irving Fisher quien por primera vez describió la tasa de interés real negativa. Es evidente que el impacto de la inflación es muy diferente según la tasa de interés real sea positiva o negativa (Cuando la tasa de interés nominal es inferior a la tasa de inflación).

En otras palabras podría decir que cuando la tasa de interés real es positiva, los comportamientos son similares a cuando los precios permanecen constantes.

Pero hasta aquí hemos ignorado otro factor determinante, que es la relación de la tasa de interés de mercado y lo que Knut Wicksell denominó la «tasa natural», aquella que representa la tasa de retorno de la actividad económica. A partir de este concepto desarrolló una teoría de los ciclos, según la cual cuando la tasa de interés supera la tasa de retorno cae la inversión y consiguientemente disminuye el nivel de actividad económica. Una tesis similar fue aceptada por Keynes cuando sostuvo la necesidad de que la tasa de interés fuese menor que lo que él denominó la «eficiencia marginal del capital».

El planteo de Wicksell trascendió a sus propias previsiones cíclicas.

Ello se debió a que aparentemente la teoría monetaria estaba desvinculada de la política fiscal, o si se quiere del impacto del nivel del gasto en la economía. Por el contrario el análisis se definió tan sólo por el impacto del déficit, y así se dividió la escuela de Chicago y el Keynesianismo, supuestamente creador del proceso inflacionario al proponer la expansión del gasto deficitario como instrumento para la recuperación de la actividad económica.

Para evaluar la propuesta de Keynes en aquella oportunidad es necesario tomar en consideración dos puntos fundamentales.

El primero es que ante la caída de los precios, era imposible bajar la tasa de interés real reduciendo la tasa de interés nominal. Y el segundo que el nivel de gasto público en Estados Unidos en la década del treinta no superaba al 7% del P.B.I.

No se puede olvidar, como bien lo recuerda Alan Greenspan en *La Era de las Turbulencias,* que en 1987 el DOW cayó un 25%. A diferencia de la política seguida en en 1929, el Federal Reserve anunció su decisión de proveer la financiación necesaria al sistema bancario. Ello bastó para que la economía americana continuara creciendo hasta el año 1991, lo que le costó la presidencia a Bush padre.

Como señalara Joseph Schumpeter los mercados tienden a ser pro-cíclicos y a sobre-actuar.

Así vemos que los últimos datos respecto a los mercados accionarios muestran una tendencia creciente a la baja, pero lo verdaderamente importante es el nivel de las ganancias de las empresas, y sobre esto no hay información generalizada más allá de las perdidas que se produjeron como consecuencia de la crisis del real estate.

Al respecto es importante señalar que cuando sube el precio de los activos y las ganancias permanecen constantes la tasa de retorno disminuye. Consecuentemente en las medidas que ésta se reduce por debajo de la tasa de interés caen los precios en el mercado de dichos activos. Esto ocurre tanto con los precios de las acciones como con los precios de los bienes raíces (real state). Este proceso es lo que se denomina burbuja. Tal burbuja desaparece tan pronto la rentabilidad esperada de los activos supera la tasa de interés de mercado.

Ahora bien, lo que si hay que tener en cuenta es precisamente el impacto del incremento del gasto, que como muy bien señala George Gilder en *Riqueza y Pobreza* : «Es decir el gobierno afecta el costo de producción y en consecuencia suben los precios de los productos que reflejan el impacto del costo del gobierno». En otras palabras la expansión monetaria no es la determinante de los aumentos de precios sino que, tal como señala Gilder, es la que permite que continúe la actividad privada a pesar del costo del Gobierno.

El otro aspecto a tener en cuanta es que el incremento de los precios de ciertos productos por escasez relativa o crecimiento de la demanda, o por causas políticas tal como es el caso del aumento del precio del petróleo, no es posible analizarlo en los términos de la teoría monetaria.

En consecuencia podemos decir que Estados Unidos estaría sufriendo una «stagflation», que aparentemente lo ha reconocido también Alan Greenspan.

Entonces la política del Federal Reserve de bajar la tasa de interés tiene un impacto mayor del que parece. La tasa de interés de los fondos federales después de la última rebaja alcanza a 4.250%. Es decir que si consideramos que la tasa de inflación se estima en un 2,8%, la tasa real sería del 1,4% anual.

Volviendo a las causas de los aumentos de precios, es evidente que la política monetaria restrictiva no sirve para lograr la baja de inflación, en tanto que sí puede contribuir a aumentar la recesión.

Por ello, y más allá de cómo perciben los mercados la política del FED, la única alternativa ante el aparente *credit crunch*, es una política monetaria expansiva. Aparentemente así lo han comprendido las autoridades de los bancos centrales de Europa, Suiza y Canadá, que conjuntamente con el FED han acordado una política común de expansión del crédito.

Por otra parte debe reconocerse que los problemas de solvencia de los bancos, en un momento de crisis colectiva no se diferencian de los problemas de liquidez. Sólo la expansión del crédito puede facilitar la resiliencia de la economía para lograr un crecimiento que logre reducir el riesgo y consecuentemente los problemas de solvencia de los bancos y de los deudores.

Más aun, el presidente Bush acaba de anunciar un programa de rebajas de impuestos, que dado el actual déficit fiscal es un remedio de la política Keynesiana.

Por todo lo dicho anteriormente no soy necesariamente pesimista sobre el futuro de la economía americana.

Problemas mucho mayores enfrenta la economía europea como consecuencia del «welfare state».

Como bien advierte Greenspan en la obra citada el problema relevante para la predicción económica se refiere al mantenimiento del «*Rule of Law*» o sea el respeto por los derechos individuales. Ése es el verdadero peligro que presenta la demagogia de la lucha por la pobreza y de la igualdad social, que una vez más es la lucha por el poder político, aún en EEUU.

VI- De Polak a Camdessus

Con la creación del F.M.I. en Bretton Woods se intentó en la posguerra resolver los problemas de las devaluaciones competitivas que habían destruido el comercio internacional en la década del treinta. El análisis monetario, tal como fuera diseñado por Polak, fue el instrumento a partir del cual se logró restaurar finalmente el sistema de pagos internacionales. A partir del esquema que se fundó en el denominado patrón de cambio oro, cuya moneda clave fuera el dólar, se multiplicó el comercio internacional y fue decisivo en la recuperación de las economías europeas.

El objetivo del Fondo estaba claro: resolver los problemas de balance de pagos. Los programas de ajuste tenían un solo objeto: lograr asimismo el equilibrio de los pagos internacionales. Las cuentas fiscales desde un punto de vista contable eran el punto de partida de ese equilibrio fundamental y el desequilibrio era el déficit del presupuesto. La inflación era la manifestación de ese desequilibrio fundamental que se trasladaba al balance de pagos vía la sobrevaluación del tipo de cambio. La vigencia residía, entonces, en mantener tipos de cambios fijos; de aquí que el artículo VIII del «Acuerdo Constitutivo» era la pieza liminar en que se fundaba la acción del Fondo: tipos de cambios fijos y libertad de cambios.

Cuando en 1972 finalmente Nixon rompiera la relación del dólar con el oro, y comenzara el esquema de tipos de cambios flotantes, el F.M.I. sufrió una profunda transformación. No obstante el esquema de análisis permaneció y los objetivos seguían siendo similares: libertad de pagos internacionales pero con tipos de cambio fluctuantes. La política fiscal adquirió una nueva dimensión en la medida que el gasto público aumentaba, pero ésta quedaba en manos de los gobiernos. Los mecanismos monetarios y cambiarios se tenían que adecuar a esta realidad, a la cual por razones políticas el F.M.I. no tenía acceso.

Mucha agua ha corrido bajo el puente desde aquellas épocas que he tratado de describir someramente y el discurso que Michael Camdessus dirigiera a la audiencia de ADEBA el 21 de mayo pasado. La macroeconomía se ha encontrado con una nueva dimensión humana y la política y sus definiciones profundas han pasado al lenguaje del organismo monetario. Privatizaciones, desregularizaciones, flexibilidad en el mercado de trabajo, eficiencia y alocación del gasto público y seguridad jurídica son los nuevos ámbitos a que alcanza la política del F.M.I. Aun conceptos que parecían patrimonio de la CEPAL, tales como distribución del ingreso, entraron en esta nueva etapa del F.M.I Pero es que aparentemente ésta es una adecuación a una nueva era de la realidad política de América Latina.

No obstante es realmente casi sorprendente que en el momento que el Director Gerente del F.M.I dice refiriéndose a la Argentina: «Amigos míos esto no es un paraíso, pero sí algo con lo cual pocos se atrevían a soñar hace algunos años», el país se encuentra alterado por la insatisfacción que se manifiesta por las protestas y las interrupciones del tráfico. Más aun, gran parte de la prensa, o más bien la mayoría, pretende justificar esta actitud debido al desempleo y la pobreza. Los que violan la ley son aplaudidos y los que la guardan son execrados, y parecería que estamos esperando un «mártir» para definitivamente desconocer la autoridad en nombre de la licencia que se confunde con libertad. A decir de Madame Roland, «Libertad, cuántos crímenes se cometen en tu nombre».

Me atrevería a decir que este nuevo enfoque no implica una nueva etapa, sino el resultado de un aprendizaje. El proteccionismo, el estatismo, la inflación y los desequilibrios de balance de pagos convivieron en nuestro continente al Sur del Río Grande con los programas «stand by». En otras palabras, el éxito obtenido por el F.M.I. en restablecer los pagos internacionales en el mundo desarrollado no se pudo extender a América Latina. La teoría de la dependencia y del deterioro relativo de los términos de intercambio amparados en la soberanía y no menos en la solidaridad se imponía a las misiones del F.M.I.

La pobreza y el estancamiento fueron el carácter de este proceso que, como bien dice Carlos Alberto Montaner, nos hicieron perder el siglo XX. No obstante hoy la pobreza y el desempleo se la endilgan al odiado modelo «neo-liberal». Pero como muy bien señala Camdessus en su discurso: «Desde luego, sería un gran error responsabilizar de estas deficiencias a los programas de reformas aplicados en los últimos años. En realidad, el deterioro de la distribución del ingreso y el incremento de la pobreza se produjeron en el período de alta inflación y de bajo crecimiento económico durante la crisis de la década de los años 80». Como un aval a esta opinión basta recordar lo que significó para Argentina el gobierno de Alfonsín. Entre 1983 y 1989 el P.B.I. cayó un 3,7%. Si suponemos que el P.B.I. pudo haber crecido como lo hizo entre 1990 y 1994, es decir al 5%, la pérdida de ingreso puede estimarse en 245.000 millones en ese período. Frente a ese hecho es realmente una trampa el intento de volver al pasado por la vía de la fuerza, que seguramente generará mayor pobreza.

Las palabras de Camdessus en otras épocas hubieran sido consideradas como una injerencia en los asuntos internos del país, o sea, una violación de su soberanía, pero el Director Gerente fue claro cuando dijo: «Finalmente el ministro importante –perdónenme Roque– no es el Ministro de Economía ni el de Planificación, cuando la hay, sino el Ministro de Justicia. Cuando la economía se privatiza, la seguridad jurídica adquiere una importancia de la cual a lo mejor nos habíamos olvidado antes». La platea aplaudió y yo añadiría que la estatización es la manifestación más absoluta de la inseguridad de la propiedad privada. Pero Camdessus ahondó más en lo que por años he considerado el problema fundamental de nuestras economías y que es el nivel y la calidad del gasto público, y señaló la necesidad de «reducir los gastos improductivos para dar cabida a un mayor volumen de inversiones en capital humano e infraestructura básica». Se pasó claramente del problema contable del déficit al problema político del gasto y sus implicaciones éticas y económicas. El nombre de la corrupción es en realidad los gastos improductivos, y éstos aumentan cuando más el estado se hace cargo de lo que no le corresponde o interviene con medidas arbitrarias.

Por supuesto que se refirió también a la necesidad imperiosa de reformar el mercado de trabajo. Así dijo al respecto: «Muchos asocian la reforma estructural con un nivel de desempleo mayor y temen que la reforma laboral sólo agrave el problema. Me parece que se equivocan... La clave para preservar y ampliar el margen de empleo, sobretodo entre los trabajadores menos calificados, reside en contar con un mercado de trabajo flexible que fomente la movilidad y vincule los costos laborales con la productividad de la mano de obra».

En nuestro caso podría decir que la inflexibilidad laboral amenaza la existencia de la convertibilidad que ha sido el eje en el que se funda, como bien señala Camdessus, la estabilidad y la confianza.

Por último quiero referirme a un aspecto del discurso que tal vez fue el más sorprendente, cuando dijo: «Estas perspectivas halagüeñas podrían transformarse en fracasos si durante esta nueva etapa de reformas no se intensifican los esfuerzos para lograr la reducción de las desigualdades en la distribución del ingreso, y aun más importante para crear más oportunidades para los menos favorecidos, especialmente respecto a la educación y capacitación profesional de sus hijos».

La primera parte de este asunto nos recuerda a la CEPAL, pero la segunda se instaló en nuestro medio con Sarmiento. En este respecto quiero señalar que lamentablemente en muchos casos la supuesta preferencia «por los pobres» significa de hecho una preferencia «por la pobreza». Cuando en el diálogo político se instala la lucha de clases, aumentamos automáticamente la inseguridad jurídica de la propiedad. Con ella desaparece la inversión, vuelan los capitales y se produce el estancamiento, tal como ocurrió en el pasado. La gran ventaja para los pobres es garantizar la seguridad jurídica de los derechos de propiedad, y ante la realidad presente la necesidad de que la eficiencia del gasto público signifique mayor capacitación. La distribución que ignora la correlación entre la producción y los derechos de propiedad, como ha reconocido el Papa en la *Centesimus Annus,* habrá de traer mayor pobreza.

En la actualidad la situación económica argentina se ha deteriorado aun más como consecuencia del incremento del gasto público que tuvo lugar durante el gobierno de los Kirchner. El gasto público pasó del 22% del PBI en el 2002 al 56% en el 2016. Ya debiéramos saber que hay una correlación inversa entre el nivel del gasto público y la tasa de crecimiento económico. Hoy la Unión Europea es el mejor ejemplo de esa realidad y por ello no crece y algunos de sus países como Italia han decrecido. Por supuesto tienen una deuda impagable que está afectando al sistema bancario europeo. Camdessus había tomado conciencia de ese hecho y así lo expresó cuando se refirió al nivel del gasto y la calidad del mismo. Esperemos que Macri tome conciencia de esa realidad y tome la decisión de reducir el gasto y mejorar su calidad como factor sine qua non para restaurar el crecimiento de la economía argentina.

Obras Citadas

Alberdi, Juan Bautista. *El crimen de la guerra*.

_____. *Sistema Económico y Rentístico de la Confederación Argentina*.

Allison, Graham. «China vs. America». *Foreign Affairs*. September/October 2017.

Aristóteles. *La Política*.

Bernstein, William. *The Birth of Plenty: How the Prosperity of the Modern World Was Created*. Wiley, 2004.

Bolivar, Simón. *Carta al Gobernador de Barinas*, 1813.

_____. *Discurso ante el Congreso de Angostura*. 1819.

Churchill, Winston. *Europe Unite: Speeches 1947 & 1948*. Cassell, 1950.

de Tocqueville, Alexis. *Cartas Persas*.

_____. *La Democracia en América*.

Drucker, Peter. *The End of Economic Man: The Origins of Totalitarianism*. The John Day Co., 1939.

_____. *The New Realities: in Government and Politics, in Economics and Business, in Society and World View*. Harper & Row, 1989.

Epstein, Richard. Cato Institute.

Fernández Retamar, Roberto. *Algunos usos de civilización y barbarie*. Buenos Aires, Contrapunto, 1989

_____. *Todo Calibán*. CLACSO, 2004

Friedman, Milton et al. *Free to Choose, a personal statement*. Harcourt, 1984.

Gilder, George F. *Wealth and Poverty*. ICS series in self-governance. ICS Press, 1993.

Hegel, Georg. *Lecciones sobre la Filosofía de la Historia Universal*.

HUME, David. *A Treatise Of Human Nature*. Oxford University Press, 1978.

HUNTINGTON, Samuel. «The Clash of Civilizations?». *Foreign Affairs*, Summer 1993.

_____. «The Erosion of American National Interests». *Foreign Affairs*, September/October 1997.

IKENBERRY, John. «The Future of the Liberal World Order». *Foreign Affairs*, May/June 2011 Issue.

KANT, Immanuel. *Idea Para Una Historia Universal*.

_____.*Fundamentación de la Metafísica de las Costumbres*.

_____. *La Paz Perpetua*.

KINDLEBERGER, Charles P. *Manias, Panics and Crisis*. Macmillan, 1978.

LEON XIII. Encíclica *Rerum Novarum,* 1891.

LOCKE, John. *The Treatise on Government & a Letter Concerning Toleration*.

MADISON, James et al. *The Federalist Papers: A Collection of Essays Written in Favour of the New Constitution*.

MAQUIAVELO, Nicolás. *El Príncipe*.

MARX, Karl. *El Capital*.

_____. *Manifiesto Comunista*.

MEEK, Ronald. «Thomas Joplin and the Theory of Interest». *The Review of Economic Studies*. Vol. 18, No. 3 (1950 - 1951).

MINSKY, Hyman. *John Maynard Keynes*. (Columbia University Press, 1975.

_____. *Stabilizing an Unstable Economy*. McGraw-Hill Professional, 2008.

_____. *Ending Poverty: Jobs, Not Welfare*. Levy Economic Institute, 2013.

MORAVCSIK, Andrew. «Europe's Ugly Future». *Foreign Affairs*, November/December 2016.

MUDDE, Cas. «Europe's Populist Surge». *Foreign Affairs*, November/December 2016.

NOLTE, Ernst. The Three Faces of Fascism. Weidenfeld and Nicolson, 1965.

PIO XI. Encíclica *Quadragesimo Anno*, 1931.

Rand, Ayn. *Philosophy Who Needs It.* Bobbs-Merrill, 1982.

Revel, Jean François. *La obsesión antiamericana: dinámica, causas e incongruencias.* Urano, 2007.

Rousseau, Juan-Jaques. *Du contrat social.*

_____. *Ensayo sobre las Ciencias y las Artes.*

_____. *Les Confessions.*

_____. *Origen de las Desigualdades del Hombre.*

Sarmiento, Domingo F. *Conflictos y Armonía de las razas de América.*

_____. *Facundo, o Civilización y barbarie en las pampas argentinas.*

_____. *Viajes por Europa, Africa y Norte America - 1845/1847.*

Sebrelli, Juan José. *Crítica de las ideas Politicas Argentinas.* Editorial Sudamericana, 2002.

Smith, Adam. *The Wealth of Nations.*

Smith, Earl T. *The Fourth Floor: An Account of the Castro Communist Revolution.* Us Cuba Inst Pr; Reprint edition, 1991.

Spencer, Herbert. *Essays: Scientific, Political, and Speculative* (1891).

Stiglitz, Joseph. *Globalization and Its Discontents.* W.W. Norton & Company, 2002.

Sullivan, Jake. «The World After Trump». *Foreign Affairs,* March/April 2018.

Ulianov, Vladimir Ilich (Lenin). *Carta al XIII Congreso del Partido Comunista de la Unión Soviética.*

_____. *El imperialismo, fase superior del capitalismo .*

United Nations General Assembly. *Declaración Universal de los Derechos Humanos.* Paris, 1948.

Von Hayek, Friedrich. *The Road to Serfdom.* University of Chicago Press, 1944.

Warren, Elizabeth. «Strengthening Democracy—at Home and Abroad». *Foreign Affairs.* January/February 2019.

Zakaria, Fareed. «The Rise of Illiberal Democracy» *Foreign Affairs,* November/December 1997.

www.ingramcontent.com/pod-product-compliance
Lightning Source LLC
Chambersburg PA
CBHW030329270326
41926CB00010B/1554